**중국 현지 일상생활 및
유학생활 체험 중국어!**

중국어 회화

Chen Zuohong 著

加 油 加 油
짜 요 짜 요

중국어 회화 `입문1`

초판 1쇄 인쇄: 2014년 4월 28일
초판 1쇄 발행: 2014년 5월 7일

지은이: Chen Zuohong
발행인: 김용부
발행처: ㈜글로벌콘텐츠리퍼블릭
주소: 서울시 종로구 관철동 11–19 글로벌 빌딩
전화: 02) 725–8282
팩스: 02) 753–6969
등록번호: 300–2012–16
등록일자: 2012년 1월 17일
홈페이지: http://www.global21.co.kr

기획 총괄: 이경헌
편집 진행: 글기획
디자인: DesignDidot 디자인디도

ISBN 978-89-97988-31-0   13720
ISBN 978-89-97988-30-3   14720 (Set)

짜요다요 중국어 시리즈는 ㈜글로벌콘텐츠리퍼블릭과 중국 내 아동, 청소년, 대학 및 성인 교육 도서 출판사로서 최고의 인지도와 경쟁력을 자랑하는 고등교육출판사(Higher Education Press)가 전격 제휴하여 국내 중국어 학습자 및 수험생들이 보다 생동감 있고 현장감 있는 중국어 학습을 할 수 있도록 심혈을 기울여 개발한 중국어 회화 학습 교재입니다.

본 중국어 회화 학습 시리즈는 입문 1, 2 / 초급 1, 2 / 중급 1, 2 수준별 구성으로 기초, 심화, 확장학습이 가능하도록 하였으며 듣기, 말하기, 읽기, 쓰기 등 언어 학습의 중추적 요소인 4 Skill을 강화하고 궁극적으로 원어민과 일상생활에서 막힘 없이 대화할 수 있는 능력을 갖추는 것을 목표로 합니다.

모든 레벨 단원마다 학습 전, 학습 중, 학습 후의 과정을 체계적으로 구성하여 학습 목표와 배경 지식을 익히고 기본 학습 과정 및 액티비티를 통한 체화 학습 과정을 거쳐 배운 내용을 완전히 소화할 수 있도록 하는 데 중점을 두었습니다.

이를 위해 어휘, 필수 표현과 핵심 문법은 물론, 중국어 학습자들이 가장 어려워하는 발음, 성조 학습에 이르기까지 기본기 향상을 위한 다양한 기초 학습 과정을 설정하였으며, 특히, 피동적인 주입식, 암기식 학습에서 벗어나 짝을 짓거나 그룹별로 다양한 액티비티를 수행하면서 실제 회화에서의 적용, 응용력을 배가할 수 있도록 한 것은 본 중국어 교재 시리즈의 크나큰 장점이라 하겠습니다.

각 권별로 일상생활 및 교우 활동, 학습, 여행 등 학습자들의 관심사와 흥미를 북돋우는 다양한 소재를 수록, 현장감 있고 쉽고 재미있는 중국어 회화 학습이 될 수 있도록 합니다. 기본적으로 레벨별 2개월 심층 학습을 목표로 하나, 학습자들의 수준에 따라 레벨별 1개월 내에 끝내는 단기 학습 과정도 가능합니다.

도조록, **짜요짜요 중국어 시리즈**가 여러분의 중국어 학습 도우미가 되어 중국어 회화능력 향상과 수험 대비, 비즈니스 회화 능력 개발 등 소기의 목적 달성에 큰 도움이 되길 기대합니다.

㈜글로벌콘텐츠리퍼블릭

이 책의 구성과 특징

　　짜요짜요 중국어 회화 시리즈는 교실수업과 강의에 적합한 교재로서, 기초, 심화, 확장 학습 과정을 통해 중국어 기초 실력 쌓기는 물론, 수험 대비에도 도움이 되도록 체계적으로 구성한 중국어 학습 프로그램입니다. 내용상으로는 중국 현지 일상과 문화를 체험하고 간접적으로 현지 유학생들의 중국어 학습 과정을 체험함과 동시에 원어민과의 교류 및 공감대 형성을 돕는 다양한 대화 소재를 다룹니다. 또한, 발음, 성조, 강세, 억양 익히기, 기초 어휘와 필수 표현, 기본 어법과 문장 파악, 그림을 통한 표현 적용 연습, 대화문을 통한 말하기 연습, 듣고 받아쓰기 등 청취력 향상 및 쓰기 연습을 다루며, 다채로운 액티비티와 롤플레잉을 통해 학습 내용을 복습하고 체득할 수 있도록 합니다.

목표 : 단원 별 학습 목표를 명확히 제시, 주의를 환기시키고 학생들이 흥미를 가지고 학습에 몰입할 수 있도록 합니다.

준비 : 학습목표와 관련된 지식을 활성화하고, 순조로운 수업 진행을 위한 준비를 할 수 있도록 합니다.

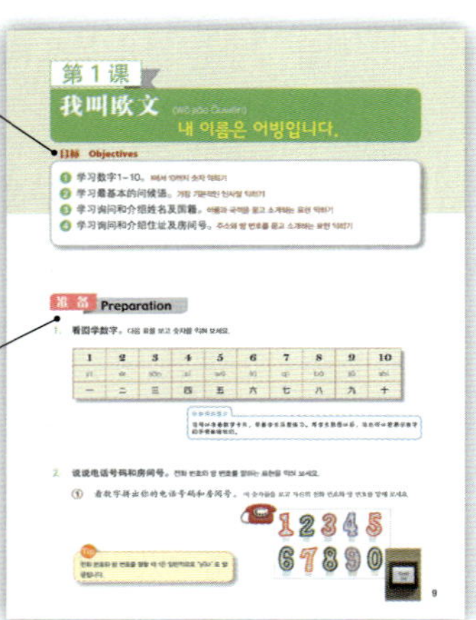

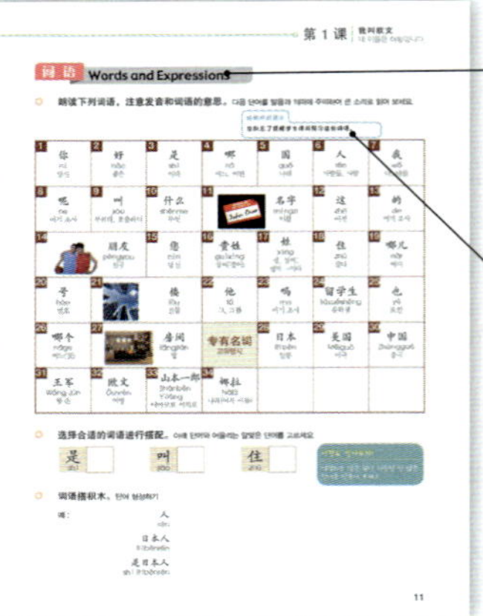

단어와 어구 : 새 단어와 어휘를 익히는 과정으로 어휘 조합 연습을 포함합니다.

선생님을 위한 도움말 : 수업 진행, 액티비티 관련 주의사항 또는 제안 사항을 다룹니다.

문장(표현) : 해당 단원의 학습 목표에 연관된 기본 문장과 표현을 다룹니다.

학생을 위한 도움말 : 학습 준비 사항과 액티비티에 대한 제안을 제시하여 원활한 수업 참여를 돕습니다.

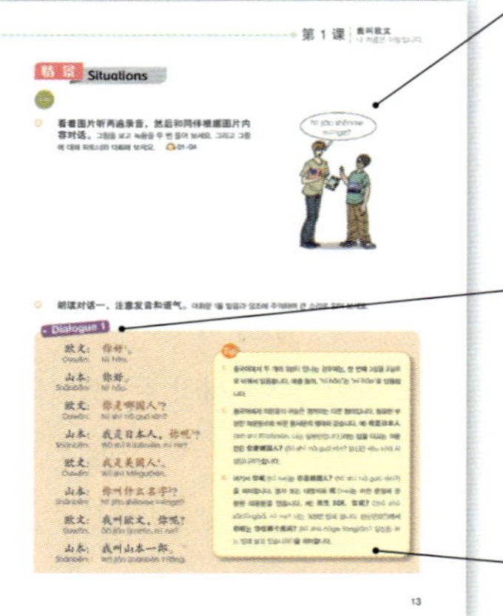

그림 상황 이해 : 대화를 미리 듣고 그림 상황에 적합한 표현을 찾아 대입하는 연습을 합니다.

상황별 대화 : 다양한 주제와 소재를 다룬 대화문을 토대로 핵심 표현과 어법을 익힙니다.

어법 설명 : 대화문에 나오는 중요 어법과 구문에 대해 상세한 해설을 제시합니다.

해석 : 대화문에 대한 우리 말 해석으로 어법과 문장 의미 이해를 돕습니다.

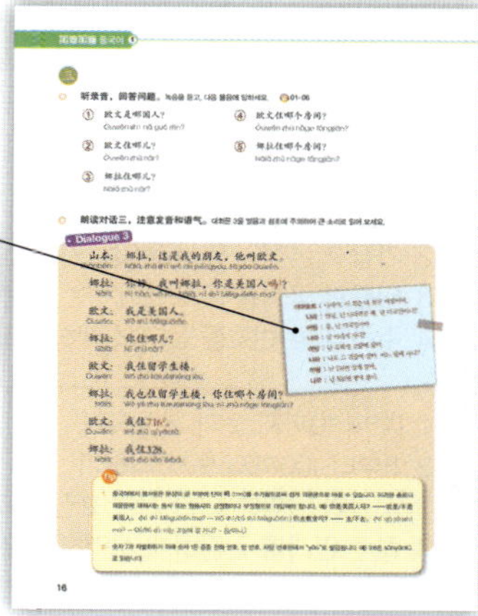

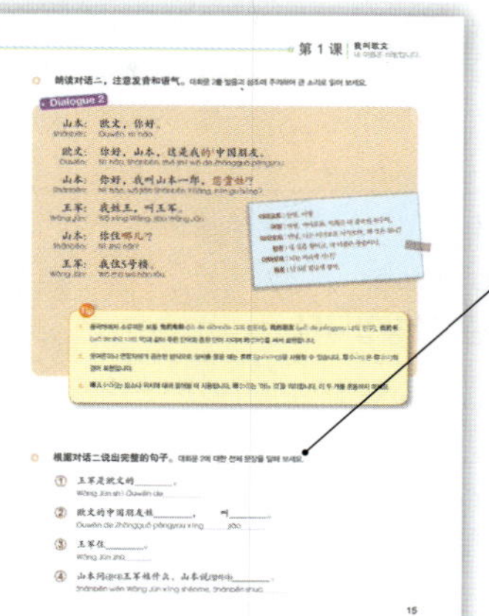

대화문 확인 문제 : 대화 문과 연계한 문제로 이해도 를 테스트합니다.

액티비티 : 파트너와 함께, 또는 소그룹 별로 정보 를 교환하며 과제를 수행합니다.

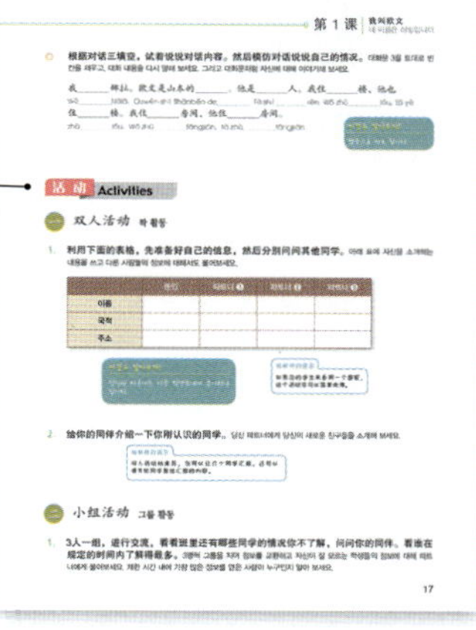

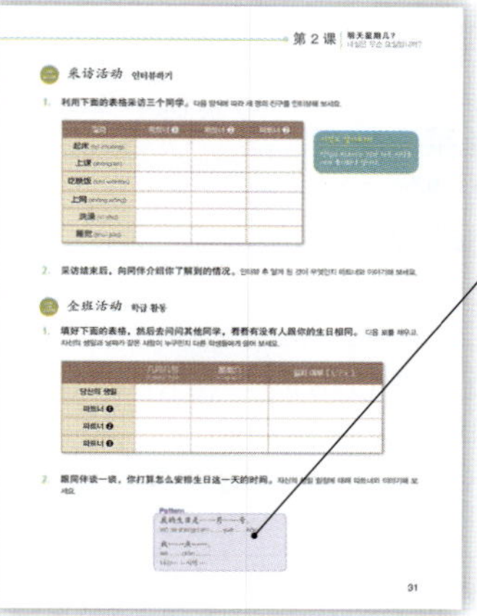

참고 : 액티비티 수행과 관련된 상용 어휘 및 표현에 대한 팁을 제시합니다.

말하기 연습 : 발음, 성조, 강세, 억양 등 다양한 말하기 학습 과정을 다룹니다.

표현 대체 연습 : 다양한 어휘, 어구, 표현으로 응용 연습을 할 수 있도록 합니다.

문장 완성 : 핵심 어휘, 어구, 어법을 활용하여 올바른 표현 또는 문장을 완성하는 연습을 합니다.

차례

이 책의 구성과 특징   pages 4–5
중국어 음운학습   pages 8–15

학습목표 Objectives

欧文　美国人
어빙 : 미국인

山本　日本人
야마모토 : 일본인

春香　韩国人
춘향 : 한국인

玛莎　俄罗斯人
마샤 : 러시아인

娜拉　泰国人
나라 : 태국인

李红　中国人
리홍 : 중국인

王军　中国人
왕쥔 : 중국인

语音 1

1. 音节是汉语的语音单位。一般来说，一个音节就是一个汉字。汉语的音节一般由声母、韵母和声调三部分组成。중국어에서 음절은 음성 단위이다. 일반적으로 음절은 한자이며 보통 성모, 운모 및 성조로 이루어진다.

2. 声母是音节开头的部分。普通话有21个声母。성모(자음)는 음절의 시작 부분으로서 중국어에는 21개의 성모가 있다.

   예 : bà

	`（声调）성조	
b（声母）자음	a（韵母）모음	

b	p	m	f
d	t	n	l
g	k	h	
j	q	x	
zh	ch	sh	r
z	c	s	

3. 韵母是音节中声母后面的部分。普通话有39个韵母。운모(모음)는 음절에서 성모에 이어지는 것으로서. 중국어에는 39개의 운모가 있다.

   단운모 (单韵母) : a o e i u ü
   복운모 (复韵母) : ai ei ao ou ia ie ua uo üe iao iou uai uei
   비운모 (鼻韵母) : an ian uan üan en in uen ün ang iang uang eng ing ueng ong iong
   권설운모 (卷舌韵母) : er
   특수운모 (特殊的元音韵母) : -i（前） -i（后） ê

4. 声调是一个音节发音时高低升降的变化。在汉语中，声调尤为重要，因为它有区别意义的作用。现代汉语语音有四个基本声调，用"ˉ、ˊ、ˇ、ˋ"来表示。第一声55、第二声35、第三声214、第四声51。성조란 음절의 고저를 가리키며, 의미를 구별하는 데 사용되므로 중국어에서는 특별히 중요하다. 현대 중국어 발음에는 4개의 기본 성조가 있으며 ˉ, ˊ, ˇ, ˋ로 표시된다. 오른쪽 성조표에서 1성은 55, 2성은 35, 3성은 214, 4성은 51이다.

   예 :

   ā á ǎ à   ōu óu ǒu òu   īng íng ǐng ìng

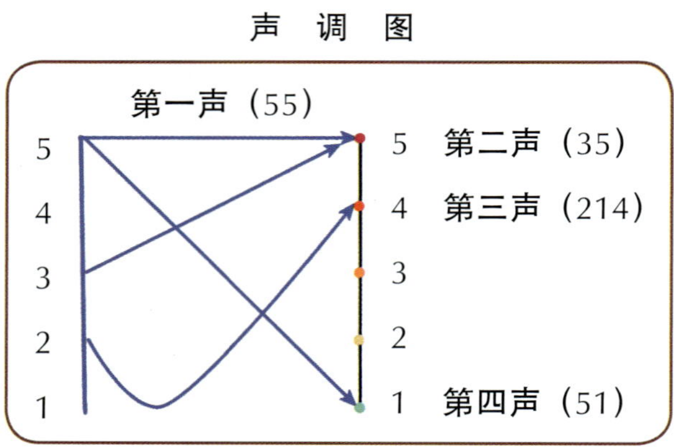

Tip

3성은 단독으로 발음되거나 음절의 제일 끝에 오는 경우를 제외하고, 211이다.

词 语 Exercises

1. **朗读下列声母**。다음 성모를 큰 소리로 읽어 보세요.

   b(a) p(a) m(o) f(o) d(e) t(e) n(e) l(e) g(u) k(u) h(u)
   j(iao) q(iao) x(iao) z(ui) c(ui) s(ui) zh(eng) ch(eng) sh(eng) r(eng)

2. **朗读下列韵母**。다음 운모를 큰 소리로 읽어 보세요.

   (m)a (h)e (l)ü (n)i (t)an (g)ai (x)ie (zh)ao (k)uai
   (j)iao (sh)ua (b)ei (m)ai (b)ie (p)en (f)ang

3. **辨别声韵母**。짝지어진 두 개의 음을 구별해 보세요.

   b—p d—t g—k j—q—x zh—ch—sh f—p n—l m—n z—c—s
   a—e e—u i—ü i—u u—ü a—o e—o
   ai—ei ao—ou uo—ou ie—ia uei—ei iou—iao ie—üe

4. **朗读下列单音节**。다음 단음절을 큰 소리로 읽어 보세요.

   ū ú ǔ ù   āo áo ǎo ào   wēi wéi wěi wèi
   ī í ǐ ì   yuē yué yuě yuè   yūn yún yǔn yùn
   mā—mǎ má—mà bā—bà bá—bǎ pō—pó pǒ—pò
   guō—guǒ guó—guò shí—shì shí—shǐ qiān—qiǎn qián—qiān

5. **朗读下音节**。다음 음절을 큰 소리로 읽어 보세요.

   qǐng   gēn   wǒ   dú   tīng   shuō   nǐ
   xiànzài   shàngkè   hěnhǎo   xiūxi   yíxià   xiàkè

6. **朗读下列句子**。다음 문장을 큰 소리로 읽어 보세요.

   现在上课。이제 수업을 시작합니다.
   Xiànzài shàng kè.

   请你读。그것을 읽어 보세요.
   Qǐng nǐ dú.

   很好。매우 좋습니다.
   Hěn hǎo.

   下课。수업을 마칩니다.
   Xià kè.

   请跟我读。저를 따라 읽어 주세요.
   Qǐng gēn wǒ dú.

   你听，我说。당신은 듣고 저는 말합니다.
   Nǐ tīng, wǒ shuō.

   休息一下。휴식 시간입니다.
   Xiūxi yíxià.

1. 变调指音节在连续发音过程中发生的声调的变化。包括三声的变调、“一”和“不”的变调。성조 변화는 성조가 발음 과정 중 변화하는 것을 가리키는데, 3성의 변화와 '一'와 '不'의 변화를 포함한다.

(1) 三声变调：两个三声字相连时，第一个字的声调变为第二声。3성의 변화 : 3성 다음에 또 다른 3성이 올 경우, 첫 번째 성조는 제2성으로 바뀌게 된다.

ˇ＋ˇ　　＇＋ˇ

예 : ⟶

nǐ hǎo （你好）—— ní hǎo (안녕하세요.)

hěn hǎo（很好）—— hén hǎo (매우 좋습니다.)

shǒuzhǐ（手指）—— shóuzhǐ (손가락)

(2) “一”后面一个字的声调是第一声、第二声、第三声时，“一”读为第四声；后面一个字的声调是第四声时，“一”读为第二声。'一' 뒤에 1성, 2성, 또는 3성을 갖는 문자가 올 경우에 제4성으로 발음된다. '一' 뒤에 4성을 갖는 문자가 오는 경우에는 제2성으로 발음된다.

예 :

yī tiān （一天）—— yì tiān (하루)

yī nián （一年）—— yì nián (일년)

yīzǎo（一早）—— yìzǎo (이른 아침)

yīdìng（一定）—— yídìng (~해야 한다.)

(3) “不”后面一个字的声调是第四声时，“不”读为第二声。'不'는 4성을 갖는 문자 앞에서 2성으로 발음된다.

예 :

bù qù （不去）—— bú qù (가지 마.)

bù huì （不会）—— bú huì (~할 수 없다.)

2. 轻声指有的音节在词或句子中往往失去原来的声调，变成一种又轻又短的调子，就是
轻声。轻声有区别意义和区分词性的作用。轻声是相对重音而言的。경성은 단어나 문장 안에
서 원래의 성조가 사라져 가볍고 짧게 발음되는 소리이다. 경성은 의미와 품사를 구별하기 위해 사용되며, 강세가 있는 발
음과 대비된다.

예：

jiějie（姐姐）　　wǒ de（我的）　　nǐmen（你们）

声韵拼合表：성도와 운모 표：

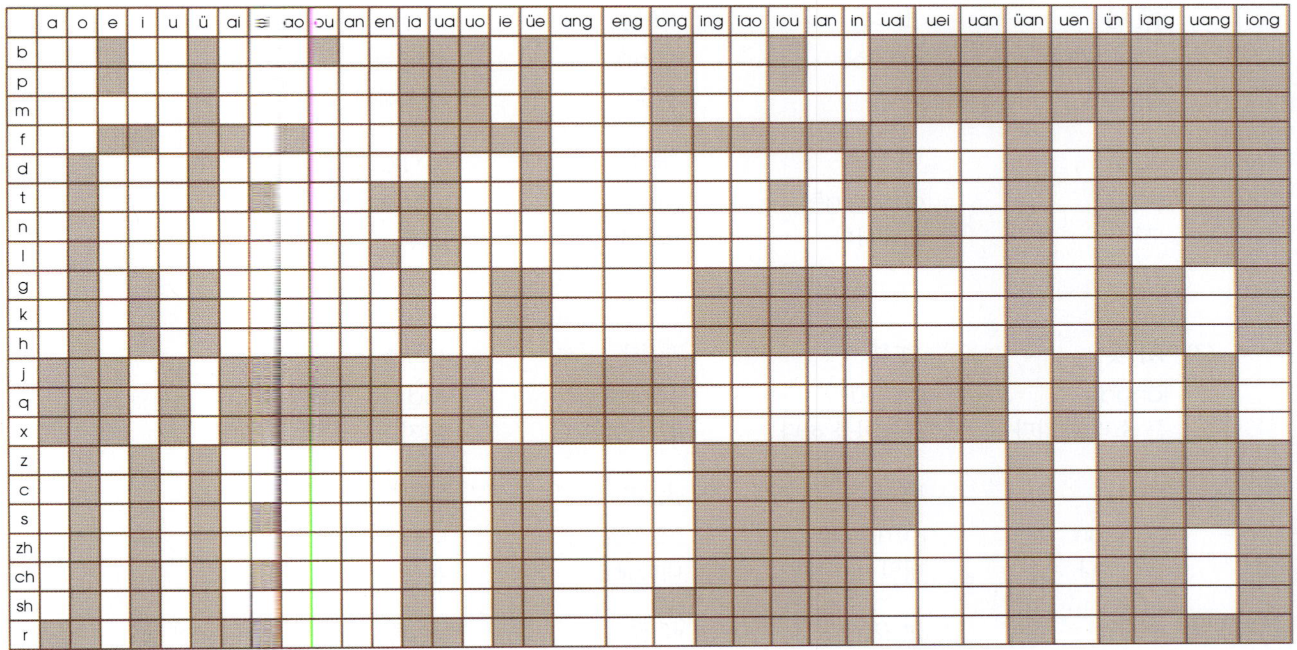

词语 Exercises

1. 朗读下列单音节。다음 단음절을 큰 소리로 읽어 보세요.

bā	cái	mǒ	fàn
dāo	téng	nǔ	lǜ
guā	káng	hěn	
jiāo	qiú	xǔ	
zuān	cáng	sǐ	
zhān	chóng	shuǐ	rè

2. **朗读下列双音节。** 다음 이음절을 큰 소리로 읽어 보세요.

(1)

冬天	星期	同时	食堂
dōngtiān	xīngqī	tóngshí	shítáng
겨울	주	동시의	식당

毕业	破坏	支持	生词
bìyè	pòhuài	zhīchí	shēngcí
졸업하다	파괴하다	지지하다	새 단어

操场	出口	牛奶	停止
cāochǎng	chūkǒu	niúnǎi	tíngzhǐ
운동장	출구	우유	정지하다

大家	唱歌	饼干	小说
dàjiā	chàng gē	bǐnggān	xiǎoshuō
모두	노래하다	비스킷	소설

(2)

朗读	打球	感谢	土地
lǎngdú	dǎ qiú	gǎnxiè	tǔdì
큰 소리로 읽다	공놀이를 하다	감사하다	토지

爬山	明天	大学	课文
pá shān	míngtiān	dàxué	kèwén
등산하다	내일	대학교	본문

电影	汉语	吃饭	书店
diànyǐng	Hànyǔ	chī fàn	shū diàn
영화	중국어	먹다, 식사하다	서점

学校	颜色	不对	不论
xuéxiào	yánsè	bú duì	búlùn
학교	색상	틀린	가리지 않다, 문제삼지 않다

一般	一直	一起	一切
yìbān	yìzhí	yìqǐ	yíqiè
일반적인	항상	다 함께	모든 것

3. **朗读下列音节和句子。** 다음 음절과 문장을 큰 소리로 읽어 보세요.

nǐ	kàn	shū	dì	yè	dǎ
shēngr	zǐ	zuò	huídá	hēibǎn	dǎ kāi
fān dào	hé shang	yìdiǎnr	yí biàn	liànxí	

请你回答。답을 하세요.
Qǐng nǐ huídá.

请看黑板。칠판을 보세요.
Qǐng kàn hēibǎn.

休息休息。휴식하세요.
Xiūxi xiūxi.

打开书，翻到第5页。책을 펴고 5쪽을 펴세요.
Dǎ kāi shū, fān dào dì wǔ yè.

合上书。책을 덮으세요.
Hé shang shū.

大一点儿声儿。더 크게요.
Dà yìdiǎnr shēngr.

再说一遍。다시 한 번 말씀해 주시겠어요?
Zài shuō yí biàn

现在做练习。이제 연습 문제를 풀어봅시다.
Xiànzài zuò liànxí.

语 音 3

1. b—p d—t g—k j—q zh—ch z—c

这组声母的区别是前者为不送气音，后者为送气音。 아래 짝지어진 음절에서 첫 번째 음절은 무기음으로 발음하고, 두 번째 음절은 유기음으로 발음한다.

bà — pà	bǐ — pǐ	dà — tà	gē — kē	gāi — kāi	dù — tù
jī — qī	zhuī — chuī	zāng — cāng	zuò — cuò	jiē — qiē	zhī — chī

2. l—r

"l"是舌尖抵住上齿龈；"r"是舌尖接近硬腭，但不接触。"l"음은 혀 끝이 윗니의 뒷부분에 닿으며 발음되고, "r"은 혀끝이 입천장에 닿지 않은 채 가까이 가면서 발음된다.

rè — lè	ròu — lòu	rì — lì	rú — lú	rǎo — lǎo	rén — lǘ

3. p—f f—h

"p"和"f"的区别是双唇音和唇齿音的区别。"f"和"h"的区别是唇齿音和舌根音的区别。"p"는 양순음이고 "f"는 순치음이며 "h"는 설근음이다.

pà — fā	pù — fù	pàn — fàn	pēng — fēng	pǔ — fǔ	pāng — fāng
fā — hā	fēi — hēi	fáng — háng	fán — hán	fēi — huì	fěn — hěn

4. j—z—zh q—c—ch x—s—sh

这组声母的区别是舌面音、舌尖前音和舌尖后音的区别。다음 세 쌍의 발음에서, 첫 번째 음은 설면음, 두 번째 음은 설첨전음이고, 세 번째 음은 설첨후음이다.

jì — zì — zhì	jiǎo — zǎo — zhǎo	qǐ — cǐ — chǐ	qián — cán — chán
xīn — sēn — shēn	xiǎng — sǎng — shǎng	jiǔ — zǒu — zhǒu	jǔ — zǔ — zhǔ
jīng — zēng — zhēng	qiā — cā — chā	sì — xì — shì	qióng — cóng — chóng

5. i

"ji、qi、xi"、 "zhi、chi、shi、ri"、 "zi、ci、si" 中的 "i" 要整体来读。"ji, qi와 xi", "zhi, chi, shi, ri" 및 "zi, ci, si"에 있는 "i"는 독립적으로 발음되지 않는다.

bī bǐ pí pī mí cī tī nǐ lǐ
jī — qī — xī   zhì — chì — shì — rì   zì — cì — sì

6. u—ü

u和ü都是圆唇，发音时ü的舌头前伸， u的舌头后缩。"u"와 "ü"는 둘 다 입술을 동그랗게 하여 발음한다. "ü"를 발음할 대는 혀가 앞쪽으로 나오고 "u"를 발음할 때는 혀가 뒤쪽으로 후퇴한다.

wū — yū   wú — yú   wǔ — yǔ   wǎn — yuǎn   wén — yún

7. e—o

e发音时的舌尖后缩，不圆唇，o在相同部位，圆唇。"e"가 발음될 때 혀 끝은 후퇴하지만 입술 모양은 동그랗게 되지 않는다 반면, "o"가 발음될 때 혀는 같은 위치에 오지만 입술은 동그란 모양이 된다.

pō — kē   gē — pō   cē — bō   kē — bō   mó — hē

8. n—ng

n是前鼻音，ng是后鼻音。"n"은 치경비음이고 "ng"는 연구개비음이다.

bān — bāng	jiàn — jiàng	yīn — yīng	qīn — qīng	wēn — wēng
rén — réng	xīn — xīng	bèn — bèng	wǎn — wǎng	
chénjiù—chéngjiù	rénmín—rénmíng	chuán shàng—chuáng shàng		rénshēn — rénshēng

我叫欧文 (Wǒ jiào Ōuwén)

내 이름은 어빙입니다.

目标 Objectives

1. 学习数字1–10。 1~서 10까지 숫자 익히기
2. 学习最基本的问候语。 가장 기본적인 인사말 익히기
3. 学习询问和介绍姓名及国籍。 이름과 국적을 묻고 소개하는 표현 익히기
4. 学习询问和介绍住址及房间号。 주소와 방 번호를 묻고 소개하는 표현 익히기

准备 Preparation

1. **看图学数字。** 다음 표를 보고 숫자를 익혀 보세요.

1	2	3	4	5	6	7	8	9	10
yī	èr	sān	sì	wǔ	liù	qī	bā	jiǔ	shí
一	二	三	四	五	六	七	八	九	十

给教师的提示

您可以准备数字卡片，带着学生反复练习。等学生熟悉以后，您也可以把表示数字的手势教给他们。

2. **说说电话号码和房间号。** 전화 번호와 방 번호를 말하는 표현을 익혀 보세요.

① 看数字拼出你的电话号码和房间号。 이 숫자들을 보고 자신의 전화 번호와 방 번호를 말해 보세요.

Tip

전화 번호와 방 번호를 말할 때 1은 일반적으로 "yāo" 로 발음됩니다.

② 告诉同伴你的电话号码和房间号是多少。 전화 번호와 방 번호를 파트너에게 말해 보세요.

③ 听录音，写出你听到的电话号码和房间号。 녹음을 듣고, 자신이 들은 전화 번호와 방 번호를 써 보세요. 🔊 01-01

		Room 252

3. 看图片，听录音，并按录音内容在图上用数字标出先后顺序。 그림을 보면서 녹음을 들은 후 자신이 들은 그림에 번호를 쓰세요. 🔊 01-02

美国 Měiguó	日本 Rìběn	韩国 Hánguó
法国 Fǎguó	泰国 Tàiguó	中国 Zhōngguó

词语 Words and Expressions

◎ 朗读下列词语，注意发音和词语的意思。다음 단어를 발음과 의미에 주의하여 큰 소리로 읽어 보세요.

给教师的提示
您别忘了提醒学生课前预习这些词语。

1 你 nǐ 당신	2 好 hǎo 좋은	3 是 shì 이다	4 哪 nǎ 어느, 어떤	5 国 guó 나라	6 人 rén 사람들, 사람	7 我 wǒ 나, 나를
8 呢 ne 어기 조사	9 叫 jiào 부르다, 호출하다	10 什么 shénme 무엇	11 名字 míngzi 이름	12 这 zhè 이것	13 的 de 어기 조사	
14 朋友 péngyou 친구	15 您 nín 당신	16 贵姓 guìxìng 성씨(경어)	17 姓 xìng 성, 성씨; 성이 ~이다	18 住 zhù 살다	19 哪儿 nǎr 어디	
20 号 hào 번호	21 楼 lóu 건물	22 他 tā 그, 그를	23 吗 ma 어기 조사	24 留学生 liúxuéshēng 유학생	25 也 yě 또한	
26 哪个 nǎge 어느(것)	27 房间 fángjiān 방	28 专有名词 고유명사	日本 Rìběn 일본	29 美国 Měiguó 미국	30 中国 Zhōngguó 중국	
31 王军 Wáng Jūn 왕 준	32 欧文 Ōuwén 어빙	33 山本一郎 Shānběn Yīláng 야마모토 이치로	34 娜拉 Nàlā 나라(여자 이름)			

◎ 选择合适的词语进行搭配。아래 단어와 어울리는 알맞은 단어를 고르세요.

是 shì [ ]　　　叫 jiào [ ]　　　住 zhù [ ]

이것도 알아두자!
연결되는 말을 찾아 가능한 한 많은 단어를 만들어 보세요.

◎ 词语搭积木。단어 형성하기

예:

人
rén

日本人
Rìběnrén

是日本人
shì Rìběnrén

名字	朋友	房间	楼
míngzi	péngyou	fángjiān	lóu

□□名字　　　　□□朋友　　　　□□房间　　　　□□□楼

□□□名字　　　□□□□朋友　　□□□房间　　　□□□□楼

句子　Sentences

◎ **朗读句子**。큰 소리로 문장을 읽어 보세요.

① 你好。
Nǐ hǎo.
안녕하세요.

② 你是哪国人？
Nǐ shì nǎ guó rén?
당신은 어느 나라 사람입니까?

③ 我是日本人，你呢？
Wǒ shì Rìběnrén, nǐ ne?
나는 일본인입니다. 당신은요?

④ 你叫什么名字？
Nǐ jiào shénme míngzi?
당신의 이름은 무엇입니까?

⑤ 我叫欧文。
Wǒ jiào Ōuwén.
내 이름은 어빙입니다.

⑥ 这是我的中国朋友。
Zhè shì wǒ de Zhōngguó péngyou.
이 사람은 내 중국 친구입니다.

⑦ 您贵姓？
Nín guìxìng?
당신의 성은 무엇입니까?

⑧ 我姓王。
Wǒ xìng Wáng.
나의 성은 왕입니다.

⑨ 我也住留学生楼。
Wǒ yě zhù liúxuéshēng lóu.
나도 유학생 건물에 살고 있습니다.

⑩ 你住哪个房间？
Nǐ zhù nǎge fángjiān?
당신은 어느 방에 살고 있습니까?

◎ **听录音，填词语**。녹음을 잘 듣고 빈 칸을 채워 보세요.　01-03

① 你是哪______人？
Nǐ shì nǎ______rén?

② 我______美国人。
Wǒ______Měiguórén.

③ 我______欧文，这是我的中国______。
Wǒ______Ōuwén, zhè shì wǒ de Zhōngguó______.

④ 我是日本人，你______？
Wǒ shì Rìběnrén, nǐ______?

⑤ 你住哪个______？
Nǐ zhù nǎge______?

⑥ 我的______叫王军。
Wǒ de______jiào Wáng Jūn.

⑦ 我______住留学生楼。
Wǒ______zhù liúxuéshēng lóu.

⑧ 你叫______名字？
Nǐ jiào______míngzi?

⑨ 我姓王，您______？
Wǒ xìng Wáng, nín______?

 情 景 **Situations**

一

◎ 看着图片听两遍录音，然后和同伴根据图片内容对话。그림을 보고 녹음을 두 번 들어 보세요. 그리고 그림에 대해 파트너와 대화해 보세요.　01-04

◎ 朗读对话一，注意发音和语气。대화문 1을 발음과 성조에 주의하여 큰 소리로 읽어 보세요.

• **Dialogue 1**

欧文： Ōuwén:	你好[1]。 Nǐ hǎo.	
山本： Shānběn:	你好。 Nǐ hǎo.	
欧文： Ōuwén:	你是哪国人[2]？ Nǐ shì nǎ guó rén?	
山本： Shānběn:	我是日本人，你呢[3]？ Wǒ shì Rìběnrén, nǐ ne?	
欧文： Ōuwén:	我是美国人[4]。 Wǒ shì Měiguórén.	
山本： Shānběn:	你叫什么名字[2]？ Nǐ jiào shénme míngzi?	
欧文： Ōuwén:	我叫欧文，你呢？ Wǒ jiào Ōuwén, nǐ ne?	
山本： Shānběn:	我叫山本一郎。 Wǒ jiào Shānběn Yīláng.	

Tip

1. 중국어에서 두 개의 3성이 만나는 경우에는, 첫 번째 3성을 2성으로 바꿔서 발음합니다. 예를 들어, "nǐ hǎo"는 "ní hǎo"로 발음됩니다.

2. 중국어에서 의문문의 어순은 영어와는 다른 형태입니다. 필요한 부분만 의문문으로 바꾼 평서문의 형태와 같습니다. 예) 我是日本人 (Wǒ shì Rìběnrén. 나는 일본인입니다.)라는 답을 이끄는 의문문은 你是哪国人? (Nǐ shì nǎ guó rén? 당신은 어느 나라 사람입니까?)입니다.

3. 여기서 你呢 (nǐ ne)는 你是哪国人? (Nǐ shì nǎ guó rén?)을 의미합니다. 명사 또는 대명사와 呢 (ne)는 이전 문장에 관련된 의문문을 만듭니다. 예) 我住 308, 你呢? (Wǒ zhù sānlíngbā, nǐ ne? 나는 308번 방에 삽니다. 당신은요?)에서 你呢는 你住哪个房间? (Nǐ zhù nǎge fángjiān? 당신은 어느 방에 살고 있습니까?)을 의미합니다.

어빙 : 안녕.

야마모토 : 안녕.

어빙 : 넌 어느 나라 사람이니?

야마모토 : 난 일본 사람이야. 너는?

어빙 : 난 미국인이야.

야마모토 : 네 이름은 뭐니?

어빙 : 내 이름은 어빙이야. 너는?

야마모토 : 내 이름은 야마모토 이치로야.

4. 중국어의 기본 어순:

주어 + 술어(대개 동사 또는 형용사) + 목적어(동사가 타동사인 경우)

◎ **根据对话一，选择合适的句子跟同伴对话。** 대화문 1에서 알맞은 문장을 골라 파트너와 이야기해 보세요.

질문	답변
你好! Nǐ hǎo!	
	我是日本人。 Wǒ shì Rìběnrén.
	我叫欧文。 Wǒ jiào Ōuwén.

◎ **看着图片听两遍录音，然后和同伴商量录音和图片的内容有什么不同。** 그림을 보고 녹음을 두 번 들어 보세요. 그리고 들은 것과 그림과의 차이점에 대해 파트너와 이야기해 보세요. 01-05

◎ **朗读对话二，注意发音和语气。** 대화문 2를 발음과 성조에 주의하여 큰 소리로 읽어 보세요.

Dialogue 2

山本: 欧文，你好。
Shānběn: Ōuwén, nǐ hǎo.

欧文: 你好，山本，这是我的[1]中国朋友。
Ōuwén: Nǐ hǎo, Shānběn, zhè shì wǒ de Zhōngguó péngyou.

山本: 你好，我叫山本一郎，您贵姓[2]?
Shānběn: Nǐ hǎo, wǒ jiào Shānběn Yīláng, nín guìxìng?

王军: 我姓王，叫王军。
Wáng Jūn: Wǒ xìng Wáng, jiào Wáng Jūn.

山本: 你住哪儿[3]?
Shānběn: Nǐ zhù nǎr?

王军: 我住5号楼。
Wáng Jūn: Wǒ zhù wǔ hào lóu.

야마모토 : 안녕, 어빙.
어빙 : 안녕, 야마모토, 이쪽은 내 중국인 친구야.
야마모토 : 안녕, 나는 야마모토 이치로야. 네 성은 뭐니?
왕준 : 내 성은 왕이고, 내 이름은 왕준이야.
야마모토 : 너는 어디에 사니?
왕준 : 난 5번 빌딩에 살아.

Tip

1. 중국어에서 소유격은 보통 他的电脑 (tā de diànnǎo 그의 컴퓨터), 我的朋友 (wǒ de péngyou 나의 친구), 我的书 (wǒ de shū 나의 책)과 같이 주된 단어와 종된 단어 사이에 的 (de) 를 써서 표현합니다.

2. 웃어른이나 연장자에게 공손한 방식으로 성씨를 물을 때는 贵姓 (guìxìng)을 사용할 수 있습니다. 您 (nín) 은 你 (nǐ)의 경어 표현입니다.

3. 哪儿 (nǎr)는 장소나 위치에 대해 물어볼 때 사용됩니다. 哪 (nǎ)는 '어느 것'을 의미합니다. 이 두 개를 혼동하지 마세요.

◎ **根据对话二说出完整的句子。** 대화문 2에 대한 전체 문장을 말해 보세요.

① 王军是欧文的__________。
Wáng Jūn shì Ōuwén de__________

② 欧文的中国朋友姓__________，叫__________。
Ōuwén de Zhōngguó péngyou xìng__________ jiào__________

③ 王军住__________。
Wáng Jūn zhù__________

④ 山本问(듣다)王军姓什么，山本说(말하다)__________。
Shānběn wèn Wáng Jūn xìng shénme, Shānběn shuō__________

三

◎ **听录音，回答问题。** 녹음을 듣고, 다음 물음에 답하세요.　01-06

① 欧文是哪国人？
Ōuwén shì nǎ guó rén?

② 欧文住哪儿？
Ōuwén zhù nǎr?

③ 娜拉住哪儿？
Nàlā zhù nǎr?

④ 欧文住哪个房间？
Ōuwén zhù nǎge fángjiān?

⑤ 娜拉住哪个房间？
Nàlā zhù nǎge fángjiān?

◎ **朗读对话三，注意发音和语气。** 대화문 3을 발음과 성조에 주의하여 큰 소리로 읽어 보세요.

• Dialogue 3

山本： 娜拉，这是我的朋友，他叫欧文。
Shānběn: Nàlā, zhè shì wǒ de péngyou, tā jiào Ōuwén.

娜拉： 你好，我叫娜拉，你是美国人吗[1]？
Nàlā: Nǐ hǎo, wǒ jiào Nàlā, nǐ shì Měiguórén ma?

欧文： 我是美国人。
Ōuwén: Wǒ shì Měiguórén.

娜拉： 你住哪儿？
Nàlā: Nǐ zhù nǎr?

欧文： 我住留学生楼。
Ōuwén: Wǒ zhù liúxuéshēng lóu.

娜拉： 我也住留学生楼，你住哪个房间？
Nàlā: Wǒ yě zhù liúxuéshēng lóu, nǐ zhù nǎge fángjiān?

欧文： 我住716[2]。
Ōuwén: Wǒ zhù qīyāoliù.

娜拉： 我住328。
Nàlā: Wǒ zhù sān'ērbā.

Tip

1. 중국어에서 평서문은 문장의 끝 부분에 단어 吗 (ma)를 추가함으로써 쉽게 의문문으로 바꿀 수 있습니다. 이러한 종류의 의문문에 대해서는 동사 또는 형용사의 긍정형이나 부정형으로 대답해야 합니다. 예) 你是美国人吗？ —— 我是/不是美国人。(Nǐ shì Měiguórén ma? — Wǒ shì/bú shì Měiguórén.) 你去教室吗？ —— 去/不去。(Nǐ qù jiàoshì ma? — Qù/Bú qù. 너는 교실에 갈 거니? – 응/아니.)

2. 숫자 7과 차별화하기 위해 숫자 1은 종종 전화 번호, 방 번호, 차량 번호판에서 "yāo"로 발음됩니다. 예) 316은 sānyāoliù. 로 읽습니다.

◎ 根据对话三填空，试着说说对话内容。然后模仿对话说说自己的情况。대화문 3을 토대로 빈칸을 채우고, 대화 내용을 다시 말해 보세요. 그리고 대화문처럼 자신에 대해 이야기해 보세요.

我＿＿＿＿娜拉。欧文是山本的＿＿＿＿。他是＿＿＿＿人。我住＿＿＿＿楼，他也
Wǒ ＿＿＿ Nàlā. Ōuwén shì Shānběn de ＿＿＿. Tā shì ＿＿＿ rén. Wǒ zhù ＿＿＿ lóu, tā yě

住＿＿＿＿楼。我住＿＿＿＿房间，他住＿＿＿＿房间。
zhù ＿＿＿ lóu. Wǒ zhù ＿＿＿ fángjiān, tā zhù ＿＿＿ fángjiān.

> 이것도 알아두자!
> 병음으로 써도 됩니다.

活 动 Activities

一 双人活动 짝 활동

1. 利用下面的表格，先准备好自己的信息，然后分别问问其他同学。아래 표에 자신을 소개하는 내용을 쓰고 다른 사람들의 정보에 대해서도 물어보세요.

	본인	파트너 ❶	파트너 ❷	파트너 ❸
이름				
국적				
주소				

> 이것도 알아두자!
> 당신과 파트너는 다른 학생들에게 물어봐야 합니다.

> 给教师的提示
> 如果您的学生来自同一个国家，这个活动您可以简单处理。

2. 给你的同伴介绍一下你刚认识的同学。당신 파트너에게 당신의 새로운 친구들을 소개해 보세요.

> 给教师的提示
> 双人活动结束后，您可以让几个同学汇报。还可以请其他同学复述汇报的内容。

二 小组活动 그룹 활동

1. 3人一组，进行交流，看看班里还有哪些同学的情况你不了解，问问你的同伴。看谁在规定的时间内了解得最多。3명씩 그룹을 지어 정보를 교환하고 자신이 잘 모르는 학생들의 정보에 대해 파트너에게 물어보세요. 제한 시간 내에 가장 많은 정보를 얻은 사람이 누구인지 알아 보세요.

2. 利用下面的表格整理一下，看看你了解了多少同学的情况，然后向大家介绍他们的情况。다음 표를 사용하여 자신이 얼마나 많은 학생들의 정보를 알고 있는지 확인하고, 그 정보를 모두에게 소개해 보세요.

이름	국적	주소

Pattern

这是我的朋友，他/她(그녀)叫……。
Zhè shì wǒ de péngyou, tā/tā jiào …….

三 全班活动 학급 활동

公司派你去机场接人，到了机场你才发现准备好的写有客人姓名的牌子忘在公司了，只能按电话中公司给你的客人信息，自己去找。회사는 당신에게 공항에서 한 사람을 데려오라는 일을 맡겼지만, 당신은 이름이 적힌 메모를 차에 두고 왔습니다. 그래서 지금은 회사가 당신의 휴대전화기로 보냈던 짧은 메시지를 통해 그 사람을 찾아야 합니다.

客人1: 玛丽，法国人，从美国来。
손님 1: Mǎlì, Fǎguórén, cóng Měiguó lái.

客人2: 欧文，美国人，从日本来。
손님 2: Ōuwén, Měiguórén, cóng Rìběn lái.

客人3: 春香，韩国人，从法国来。
손님 3: Chūnxiāng, Hánguórén, cóng Fǎguó lái.

给教师的提示

您别忘了把客人信息写在小卡片上。您还需要设置若干和客人有类似地方的干扰人，以保证每位同学都能参与。

Pattern

你从……来？
Nǐ cóng ... lái?
당신은 어느 나라 사람입니까?

语言练习 Language Focus

一 语音和语调 발음과 성조

1. 辨音练习。발음 연습

d-g	e-uo	en-in	ui-iu	ao-iao	ou-uo	ie-ei
de-ge	ge-guo	ren-yin	gui-jiu	hao-jiao	gou-guo	shi-si

2. 声调练习。성조 연습

nǐ　wǒ　nǎ　hǎo　ne　zhè　de　zhù　hào　lóu　yě

3. 朗读下列词语。다음 단어를 큰 소리로 읽어 보세요.

① 前重后轻。앞부분 강세

什么　　朋友　　　名字　　　这个
shénme　péngyou　míngzi　zhège

② 前中后重。뒷부분 강세

房间　　贵姓
fángjiān　guìxìng

4. 用正确的语调朗读下面的句子，注意语气和重音。다음 문장을 성조와 강세에 유의하여 올바른 억양으로 크게 소리내어 읽어 보세요.

① 你是哪国人？
Nǐ shì nǎ guó rén?

② 我是日本人，你呢？
Wǒ shì Rìběnrén, nǐ ne?

③ 这是我的中国朋友。
Zhè shì wǒ de Zhōngguó péngyou.

④ 你叫什么名字？
Nǐ jiào shénme míngzi?

⑤ 我叫欧文。
Wǒ jiào Ōuwén.

⑥ 你住哪个房间？
Nǐ zhù nǎge fángjiān?

⑦ 我也住留学生楼。
Wǒ yě zhù liúxuéshēng lóu.

二　替换练习　대체 연습

① 你好。
Nǐ hǎo.

您
nín

你们 (당신들, 你의 복수 형태)
nǐmen

老师 (선생님)
lǎoshī

② 我　是　日本人。
Wǒ　shì　Rìběnrén.

他　　美国
tā　　Měiguó

她 (그녀)　英国 (영국)
tā　　　　　Yīngguó

娜拉　　　泰国 (태국)
Nàlā　　　Tàiguó

③ 我姓<u>王</u>，叫<u>王军</u>。 Wǒ xìng Wáng, jiào Wáng Jūn.	④ 他是<u>我　的　中国朋友</u>。 Tā shì wǒ de Zhōngguó péngyou.
李　李春香 Lǐ　　Lǐ Chūnxiāng	你　　　　老师 (선생님) nǐ　　　　lǎoshī
张　张红 Zhāng　Zhāng Hóng	山本　　　同学 (학급 친구) Shānběn　tóngxué
	欧文　　　朋友 Ōuwén　　péngyou

三　模仿例句完成对话 　예와 같이 대화문을 완성하세요.

예：　A: 你叫什么名字？
　　　　Nǐ jiào shénme míngzi?

　　　B: 我叫王军，你呢？
　　　　Wǒ jiào Wáng Jūn, nǐ ne?

① A: 你是哪国人？
　　Nǐ shì nǎ guó rén?

　 B: ＿＿＿＿＿＿＿＿＿＿＿＿＿。

② A: 你住哪个房间？
　　Nǐ zhù nǎge fángjiān?

　 B: ＿＿＿＿＿＿＿＿＿＿＿＿＿。

四　改句子 　문장 바꾸기

用"什么、哪、吗"将下列句子改成疑问句。什么, 哪, 吗을 사용하여 다음 문장을 의문문으로 바꾸어 보세요.

① 我是日本人。（哪）
　Wǒ shì Rìběnrén. (nǎ)

② 我叫山本一郎。（什么）
　Wǒ jiào Shānběn Yīláng. (shénme)

③ 欧文是我的朋友.（吗）
　Ōuwén shì wǒ de péngyou. (ma)

④ 我住308房间.（哪）
　Wǒ zhù sānlíngbā fángjiān.(na)

五　连词成句 　단어를 조합하여 문장 만들기

①	欧文 Ōuwén	我 wǒ	呢 ne	叫 jiào	你 nǐ	
②	哪 nǎ	你 nǐ	个 gè	房间 fángjiān	住 zhù	
③	的 de	我 wǒ	这 zhè	中国 Zhōngguó	是 shì	朋友 péngyou
④	日本 Rìběn	是 shì	他 tā	人 rén		

明天星期几？ (Míngtiān xīngqī jǐ?)
내일은 무슨 요일입니까?

目标 Objectives

1. 复习数字1–10。1부터 10까지 숫자 복습하기
2. 学习数字11–100。11부터 100까지 숫자 익히기
3. 学习时间和日期的基本表达方式。시간과 날짜에 대한 기본 표현 익히기
4. 学习简单说明每天的时间安排。하루 일과를 간단하게 설명하는 표현 익히기

准 备 Preparation

1. 数一数下面的东西，看看有几个。다음 물건들을 세어 보세요.

①

②

③

2. 询问老师或同学的电话号码。선생님이나 친구들에게 전화 번호를 물어 보세요.

Pattern

我的电话(전화)是……，你呢？
Wǒ de diànhuà shì..., nǐ ne?

3. **学习数字11—100。** 11부터 100까지 숫자를 배워 보세요.

① **两人一组，跟同伴一起朗读数字。** 짝을 지어 11부터 100까지 숫자를 파트너와 함께 큰 소리로 읽어 보세요.

11	12	13	14	15	16	17	18	19	20
shíyī	shí'èr	shísān	shísì	shíwǔ	shíliù	shíqī	shíbā	shíjiǔ	èrshí
21	22	23	24	25	……	……	……	……	……
èrshíyī	èrshí'èr	èrshísān	èrshísì	èrshíwǔ	……	……	……	……	……
31	32	33	34	……	……	……	……	……	100
sānshíyī	sānshí'èr	sānshísān	sānshísì	……	……	……	……	……	yìběi

② **朗读下列数字。** 다음 숫자를 큰 소리로 읽어 보세요.

11　20　18　36　47　59　73　86　92　100

③ **游戏：找朋友。** 게임: 친구 찾기

请几位同学，每人拿一个数字卡片站在前面，听到其他同学报出的两位数后，要快速组合站在一起。说得越快，站得也要越快。说错的要挨罚。 몇몇 학생들은 각자 손에 숫자를 들고 교실 앞에 섭니다. 다른 학생들이 두 자리 수를 외치면 두 명의 학생은 숫자를 조합하여 그 숫자를 친구들에게 보여줍니다. 가능한 한 빠르게 게임을 진행하고, 실수를 한 학생들은 벌칙을 받습니다.

④ **看看下面的钟表是几点。** 다음 시계를 보고 몇 시인지 알아 보세요.

4:35 ①　　5:14 ②　　6:00 ③　　7:40 ④　　8:09 ⑤

9:45 ⑥　　10:20 ⑦　　11:55 ⑧　　6:19 ⑨　　2:30 ⑩

词语 Words cnd Expressions

◎ 朗读下列词语，注意发音和词语的意思。다음 단어를 발음과 의미에 주의하여 큰 소리로 읽어 보세요.

给教师的提示
您别忘了提醒学生课前预习这些词语。

1 现在 xiànzài 현재	2 几 jǐ 몇~, 얼마나 ~ 딱 이	3 点 diǎn 시	4 七 qī 7	5 一 yī 1	6 刻 kè 15분	7 上课 shàng kè 수업에 참여하다
8 八 bā 8	9 时候 shíhou 시간	10	吃 chī 먹다	11 早饭 zǎofàn 아침 식사	12 半 bàn 반	13 明天 míngtiān 내일
14 有 yǒu 가지다	15 课 kè 수업, 과목	16 星期 xīngqī 주, 요일	17 六 liù 6	18 我们 wǒmen 우리는, 우리를	19 没有 méiyǒu 가지고 있지 않다	20 不 bù 아니다, 없다
21 五 wǔ 5	22 上午 shàngwǔ 오전	23 下午 xiàwǔ 오후	24	生日 shēngrì 생일	25 月 yuè 달	26 晚上 wǎnshang 저녁, 밤
27 睡觉 shuì jiào 자다, 잠자리에 들다	28 十 shí 10	29 二 èr 2	30 中午 zhōngwǔ 정오	31 休息 xiūxi 쉬다	32 三 sān 3	33 今天 jīntiān 오늘
专有名词 고유명사	34 玛莎 Mǎshā 마사					

◎ 选择合适的词语进行搭配。아래 단어와 어울리는 알맞은 단어를 고르세요.

现在 xiànzài ☐   ☐ 点 diǎn   不 bù ☐

이것도 알아두자!

연결되는 말을 찾아 가능한 한 많은
단어를 만들어 보세요.

句子 Sentences

◎ **朗读句子。** 큰 소리로 문장을 읽어 보세요.

① 现在几点？
Xiànzài jǐ diǎn?
지금은 몇 시입니까?

② 现在七点一刻。
Xiànzài qī diǎn yí kè.
지금은 7시 15분입니다.

③ 你几点上课？
Nǐ jǐ diǎn shàng kè?
당신은 언제 수업에 참석할 겁니까?

④ 你什么时候吃早饭？
Nǐ shénme shíhou chī zǎofàn?
당신은 언제 아침을 먹습니까?

⑤ 我七点半吃早饭。
Wǒ qī diǎn bàn chī zǎofàn.
난 7시 30분에 아침을 먹습니다.

⑥ 明天你有课吗？
Míngtiān nǐ yǒu kè ma?
당신은 내일 수업이 있습니까?

⑦ 明天星期几？
Míngtiān xīngqī jǐ?
내일은 무슨 요일입니까?

⑧ 明天星期五，16号。
Míngtiān xīngqīwǔ, shí liù hào.
내일은 16일, 금요일입니다.

⑨ 你的生日是几月几号？
Nǐ de shēngrì shì jǐ yuè jǐ hào?
당신의 생일은 언제입니까?

⑩ 中午休息吗？
Zhōngwǔ xiūxi ma?
당신은 정오에 휴식을 취합니까?

◎ **听录音，填词语。** 녹음을 듣고 연결해 보세요. 🎙 02-01

现在
xiànzài

七点半
qī diǎn bàn

八点
bā diǎn

星期六
xīngqīliù

今天
jīntiān

你的生日
nǐ de shēngrì

明天
míngtiān

没有课
méiyǒu kè

8号
bā hào

几月几号
jǐ yuè jǐ hào

几点
jǐ diǎn

上课
shàng kè

星期几
xīngqī jǐ

吃早饭
chī zǎofàn

给教师的提示
您可以采用各种方式来操练句子，同时纠正学生的发音。

 **情 景** **Situations**

一

◎ 看图片，和同伴商量他们可能在说什么。
그림을 보고 그들이 무엇에 대해 이야기하고 있을지 파트너와 이야기해 보세요.

> **이것도 알아두자!**
>
> 앞서 배운 문장을 보고 그림에 관한 이야기를 하기 위해 어떤 표현이 적절한지 알아 보세요.

◎ 朗读对话一，注意发音和语气。 대화문 1을 발음과 성조에 주의하여 큰 소리로 읽어 보세요.

• Dialogue 1

山本： 现在几点？
Shānběn: Xiànzài jǐ diǎn?

娜拉： 现在七点一刻[2]。
Nàlā: Xiànzài qī diǎn yí kè.

山本： 你几点上课[3]？
Shānběn: Nǐ jǐ diǎn shàng kè?

娜拉： 八点。
Nàlā: Bā diǎn.

山本： 你什么时候吃早饭？
Shānběn: Nǐ shénme shíhou chī zǎofàn?

娜拉： 我七点半吃早饭[4]。
Nàlā: Wǒ qī diǎn bàn chī zǎofàn.

야마모토 : 지금 몇 시니?
나라 : 지금은 7시 15분이야.
야마모토 : 너 언제 수업에 들어갈 거니?
나라 : 8시에.
야마모토 : 넌 언제 아침을 먹니?
나라 : 난 7시 30분에 아침을 먹어.

Tip

1. 几는 여기서 시간을 묻기 위해 사용됩니다. 중국어에서 이 글자는 주로 10 이하의 숫자를 묻는 데 사용됩니다. 예) 你家有几口人? (Nǐ jiā yǒu jǐ kǒu rén? 당신의 가족은 몇 명입니까?) 房间里有几个人? (Fángjiān lǐ yǒu jǐ ge rén? 방에 사람들이 몇 명 있습니까?)

2. 一刻은 1/4을 의미합니다. 예) "7: 15"는 중국어에서 七点一刻 (qī diǎn yí kè)이라 합니다. "8: 45"는 八点三刻 (bā diǎn sān kè).이라 합니다. 그러나 30분은 两刻이라고 하지 않습니다. 예) "6: 30"은 六点半 (liù diǎn bàn)이라 합니다.

3. 중국어 어순은 영어와 다릅니다. 几点你上课? (Jǐ diǎn nǐ shàng kè?)라고 말할 수 없습니다.

4. 중국어에서 시간 표시 단어는 동사 앞에 두어야 합니다. 吃早饭七点半 (chī zǎofàn qī diǎn bàn)이라고 할 수 없습니다. 예) 他八点上课 (tā bā diǎn shàng kè) 대신 他上课八点으로 쓸 수 없습니다.

◎ 根据对话一，选择合适的句子跟同伴对话。 대화문 1에서 알맞은 문장을 선택하여 파트너와 이야기해 보세요.

질문	답변
	现在七点。 Xiànzài qī diǎn.
你几点上课? Nǐ jǐ diǎn shàng kè?	
	我七点半吃早饭。 Wǒ qī diǎn bàn chī zǎofàn.

◎ 看着图片听两遍录音，然后和同伴商量录音和图片的内容有什么不同。 그림을 보고 녹음을 두 번 들어 보세요. 그리고 들은 것과 그림과의 차이점에 대해 파트너와 이야기해 보세요. 🎧 02-02

◎ 朗读对话二，注意发音和语气。 대화문 2를 발음과 성조에 주의하여 큰 소리로 읽어 보세요.

• Dialogue 2

山本: 明天你有课吗?
Shānběn: Míngtiān nǐ yǒu kè ma?

王军: 明天星期六[1]，我们没有课。
Wángjūn: Míngtiān xīngqīliù, wǒmen méiyǒu kè.

山本: 明天不是星期六。
Shānběn: Míngtiān bú shì xīngqīliù.

王军: 明天星期几?
Wángjūn: Míngtiān xīngqī jǐ?

山本: 明天星期五，16号。
Shānběn: Míngtiān xīngqīwǔ, shíliù hào.

야마모토: 너 내일 수업 있니?
왕준: 내일은 토요일이고 우리는 수업이 없어.
야마모토: 내일은 토요일이 아니야.
왕준: 내일 무슨 요일이니?
야마모토: 내일은 16일, 금요일이야.
왕준: 난 금요일 오전에는 수업이 있는데, 오후에는 없어.

王军: 星期五上午我有课，下午没有课[2.3]。
Wángjūn: Xīngqīwǔ shàngwǔ wǒ yǒu kè, xiàwǔ méiyǒu kè.

Tip

1. 시간을 설명할 때 동사 是는 주어와 술어 사이에서 생략됩니다. 예) 今天12号。(Jīntiān shí´èr hào. 오늘은 12일입니다.) 现在三点。(Xiànzài sān diǎn. 지금은 3시입니다.)

2. 시간 부사는 주어 앞이나 뒤 두 곳 모두에 올 수 있습니다. 예) 星期五上午我有课。(Xīngqīwǔ shàngwǔ wǒ yǒu kè. 나는 금요일 오전에 수업이 있습니다.)는 我星期五上午有课。(Wǒ xīngqīwǔ shàngwǔ yǒu kè)라고 해도 됩니다. 또한 上午我没有课。(Shàngwǔ wǒ méiyǒu kè. 난 오전에 수업이 없습니다.) 도 我上午没有课로 표현될 수 있습니다.

3. 有 (yǒu) 의 반의어는 不有 (bùyǒu) 대신 没有 (méiyǒu)가 쓰입니다.

◎ **根据对话二说出完整的句子**。대화문 2를 참조하여 아래 문장을 완성해 보세요.

① 王军星期六________。
Wáng Jūn xīngqīliù.......... .

② 明天不是________，明天________。
Míngtiān bú shì............, míngtiān............ .

③ 明天________号。
Míngtiān...........hào.

④ 王军星期五上午________，星期五下午________。
Wáng Jūn xīngqīwǔ shàngwǔ........... xīngqīwǔ xiàwǔ........... .

三

◎ **看图片，和同伴商量他们可能在说什么。**
그림을 보고 그들이 무엇에 대해 이야기하고 있을지 파트너와 이야기해 보세요.

◎ **朗读对话三，注意发音和语气。** 대화문 3을 발음과 성조에 주의하여 큰 소리로 읽어 보세요.

● Dialogue 3

玛莎： 星期五几号？
Mǎshā: Xīngqīwǔ jǐ hào?

欧文： 9月18号。
Ōuwén: Jiǔ yuè shíbā hào.

玛莎： 9月18号是娜拉的生日。
Mǎshā: Jiǔ yuè shíbā hào shì Nàlā de shēngrì.

欧文： 你的生日是几月几号？
Ōuwén: Nǐ de shēngrì shì jǐ yuè jǐ hào?

玛莎： 6月3号。你呢？
Mǎshā: Liù yuè sān hào. Nǐ ne?

欧文： 我的生日是12月8号。
Ōuwén: Wǒ de shēngrì shì shí'èr yuè bā hào.

마샤 : 금요일이 며칠이니?
어빙 : 9월 18일이야.
마샤 : 나라 생일이 9월 18일이야.
어빙 : 네 생일은 며칠이니?
마샤 : 6월 3일. 네 생일은?
어빙 : 내 생일은 12월 8일이야.

◎ **根据对话三回答问题。** 대화문 3을 토대로 다음 물음에 답하세요.

① 星期五几号？
Xīngqīwǔ jǐ hào?

③ 玛莎的生日是几月几号？
Mǎshā de shēngrì shì jǐ yuè jǐ hào?

② 娜拉的生日是几月几号？
Nàlā de shēngrì shì jǐ yuè jǐ hào?

④ 欧文的生日是几月几号？
Ōuwén de shēngrì shì jǐ yuè jǐ hào?

四

◎ **听录音，判断正误。** 녹음을 듣고, 다음 문장이 사실인지 거짓인지 확인해 보세요. 🎧 02-03

① 山本晚上十一点睡觉。☐
Shānběn wǎnshang shíyī diǎn shuì jiào.

③ 娜拉中午休息 ☐
Nàlā zhōngwǔ xiūxi.

② 山本中午不休息。☐
Shānběn zhōngwǔ bù xiūxi.

④ 娜拉星期三下午没有课。☐
Nàlā xīngqīsān xiàwǔ méiyǒu kè.

◎ **朗读对话四，注意发音和语气。** 대화문 4를 발음과 성조에 주의하여 큰 소리로 읽어 보세요.

• Dialogue 4

娜拉：　你晚上几点睡觉？
Nàlā：　Nǐ wǎnshang jǐ diǎn shuìjiào?

山本：　十二点。
Shānběn：　Shí'èr diǎn.

娜拉：　中午休息吗？
Nàlā：　Zhōngwǔ xiūxi ma?

山本：　不休息。你呢？
Shānběn：　Bù xiūxi. Nǐ ne?

娜拉：　我也不休息。
Nàlā：　Wǒ yě bù xiūxi.

山本：　下午你有课吗？
Shānběn：　Xiàwǔ nǐ yǒu kè ma?

娜拉：　星期二下午没有，星期三下午有。
Nàlā：　Xīngqī'èr xiàwǔ méiyǒu, xīngqīsān xiàwǔ yǒu.

◎ **画线连接。** 선을 그어 연결해 보세요.

① 你晚上几点睡觉？
Nǐ wǎnshang jǐ diǎn shuìjiào?

Ⓐ 不休息。
Bù xiūxi.

② 中午休息吗？
Zhōngwǔ xiūxi ma?

Ⓑ 星期二下午没有，星期三下午有。
Xīngqī'èr xiàwǔ méiyǒu, xīngqīsān xiàwǔ yǒu.

③ 下午你有课吗？
Xiàwǔ nǐ yǒu kè ma?

Ⓒ 十二点。
Shí'èr diǎn.

五

◎ **读下列短文，然后模仿短文说说你的一天是怎么安排的。** 지문을 큰 소리로 읽고, 자신의 하루 일정
에 대해 말해 보세요.

我的一天 (나의 하루)

今天9月18号，星期五。我七点起床(일어나다)，七点半吃早饭。上午八点上课，十二点下课 (수업이 끝나다)。中午我不休息。下午我没有课。晚上我六点吃晚饭，十一点洗澡 (목욕하다)，十二点睡觉。

Wǒ de yì tiān

Jīntiān jiǔ yuè shíbā hào, xīngqīwǔ. Wǒ qī diǎn qǐ chuáng. Qī diǎn bàn chī zǎofàn. Shàngwǔ bā diǎn shàng kè, shí'èr diǎn xià kè. Zhōngwǔ wǒ bù xiūxi. Xiàwǔ wǒ méiyǒu kè. Wǎnshang wǒ liù diǎn chī wǎnfàn, shíyī diǎn xǐ zǎo, shí'èr diǎn shuì jiào.

活 动 Activities

一 双人活动 짝 활동

1. **画线将小词库中的词语与相应的图片连接起来，然后朗读词语。** 단어 은행의 단어와 일치하는 그림을 연결하고, 큰 소리로 읽어 보세요.

● Word bank

起床 qǐ chuáng 일어나다	下课 xià kè 수업을 파하다	上网 shàng wǎng 인터넷 검색을 하다	洗澡 xǐ zǎo 목욕하다
看电视 kàn diànshì TV를 시청하다	上课 shàng kè 수업에 참여하다	吃早饭 chī zǎofàn 아침을 먹다	睡觉 shuì jiào 잠자리에 들다

⑧　⑦　①　②　③　④　⑤　⑥

2. **利用上面的图片跟同伴进行对话。** 위의 그림에 대해 파트너와 이야기해 보세요.

Pattern

现在几点?
Xiànzài jǐ diǎn?

3. **你的作息时间跟图片中的人一样吗？ 跟同伴说一说。** 자신의 일정이 그림에 나오는 사람의 일정과 동일한지 파트너와 이야기해 보세요.

Pattern

A：你几点起床?
　　Nǐ jǐ diǎn qǐ chuáng?

B：我7：00起床。你呢?
　　Wǒ qī diǎn qǐ chuáng. Nǐ ne?

A：我7：30起床。
　　Wǒ qī diǎn bàn qǐ chuáng.

二　采访活动　인터뷰하기

1. **利用下面的表格采访三个同学。** 다음 양식에 따라 세 명의 친구를 인터뷰해 보세요.

일과	파트너 ❶	파트너 ❷	파트너 ❸
起床 (qǐ chuáng)			
上课 (shàng kè)			
吃晚饭 (chī wǎnfàn)			
上网 (shàng wǎng)			
洗澡 (xǐ zǎo)			
睡觉 (shuì jiào)			

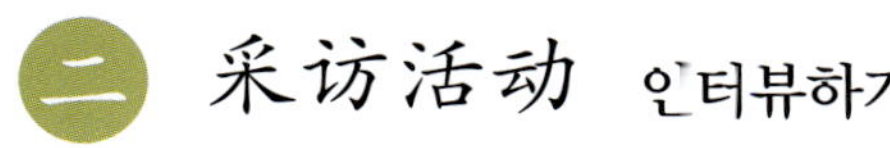

2. **采访结束后，向同伴介绍你了解到的情况。** 인터뷰 후 알게 된 것이 무엇인지 파트너와 이야기해 보세요.

三　全班活动　학급 활동

1. **填好下面的表格，然后去问问其他同学，看看有没有人跟你的生日相同。** 다음 표를 채우고, 자신의 생일과 날짜가 같은 사람이 누구인지 다른 학생들에게 물어 보세요.

	几月几号 jǐ yuè jǐ hào	星期几 xīng qī jǐ	일치 여부（√/×）
당신의 생일			
파트너 ❶			
파트너 ❷			
파트너 ❸			

2. **跟同伴谈一谈，你打算怎么安排生日这一天的时间。** 자신의 생일 일정에 대해 파트너와 이야기해 보세요.

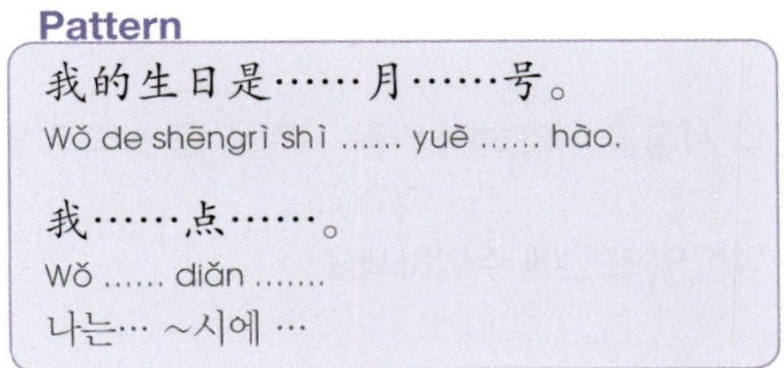

Pattern

我的生日是……月……号。
Wǒ de shēngrì shì …… yuè …… hào.

我……点……。
Wǒ …… diǎn …….
나는… ~시에 …

语言练习 Language Focus

一 语音和语调 발음과 성조

1. 辨音练习。 발음 연습

an-ian	a-ia	ao-ou	in-ing	en-eng	ei-en
ban-xian	ba-xia	zao-zou	min-ming	men-sheng	mei-men

2. 声调练习。 성조 연습

jǐ　diǎn　chī　bàn　bù　hào　yuè

3. 朗读下列词语。 다음 단어를 큰 소리로 읽어 보세요.

① **前重后轻。** 앞부분 강세

我们	时候	休息	晚上
wǒmen	shíhou	xiūxi	wǎnshang

② **前中后重。** 뒷부분 강세

今天	现在	上课	早饭	星期	明天	没有
jīntiān	xiànzài	shàng kè	zǎofàn	xīngqī	míngtiān	méiyǒu

4. 用正确的语调朗读下面的句子，注意语气和重音。 성조와 강세에 주의하여 정확한 억양으로 큰 소리로 다음 문장을 읽어 보세요.

① 现在几点？
Xiànzài jǐ diǎn?

② 现在七点一刻。
Xiànzài qī diǎn yí kè.

③ 你几点上课？
Nǐ jǐ diǎn shàng kè?

④ 你什么时候吃早饭？
Nǐ shénme shíhou chī zǎofàn?

⑤ 明天你有课吗？
Míngtiān nǐ yǒu kè ma?

⑥ 明天16号，星期五。
Míngtiān shíliù hào, xīngqīwǔ.

⑦ 你的生日是几月几号？
Nǐ de shēngrì shì jǐ yuè jǐ hào?

5. 按要求读出下面的时间。 유의 사항을 참조하여 다음 시간을 큰 소리로 읽어 보세요.

① 注意"刻"的读法。 "4/1"의 표현에 주의하세요.

7：15　9：45　12：15

② 注意 "0" 的读法。"0"의 표현에 주의하세요.

23：05　5：08　8：10　10：20

9：18　3：50　4：25　6：57

Tip

10분에서, 分은 생략할 수 없습니다. 예를 들어, 9：10분은 九点十 (jiǔ diǎn shí)가 아닌 九点十分(jiǔ diǎn shí fēn)으로 말해야 합니다.

二 替换练习　대체 연습

① 今天星期几? 今天星期一。
Jīntiān xīngqī jǐ? Jīntiān xīngqīyī.

星期二
xīngqī'èr

星期五
xīngqīwǔ

星期四
xīngqīsì

② 今天几号?　　今天　15号。
Jīntiān jǐ hào?　　Jīntiān shíwǔ hào.

昨天(어제)　　14号
zuótiān　　shísì hào

明天　　16号
míngtiān　　shíliù hào

后天(내일 모레)　　17号
hòutiān　　shíqī hào

③ 你几点上课?
Nǐ jǐ diǎn shàng kè?

睡觉
shuìjiào

上网 (인터넷을 검색하다)
shàng wǎng

洗澡 (목욕하다)
xǐ zǎo

④ 我八点　　上课。
Wǒ bā diǎn　　shàng kè.

十二点　　睡觉
shí'èr diǎn　　shuìjiào

下午一点　　上网 (인터넷을 검색하다)
xiàwǔ yī diǎn　　shàng wǎng

晚上十点　　洗澡 (목욕하다)
wǎnshang shí diǎn　　xǐ zǎo

三 用 "什么时候" 完成下列对话　什么时候를 사용하여 다음 대화문을 완성하세요.

① A: ＿＿＿＿＿＿＿＿＿＿?

B: 我十一点半睡觉。
Wǒ shíyī diǎn bàn shuìjiào.

② A: ＿＿＿＿＿＿＿＿＿＿?

B: 他下午两点上课。
Tā xiàwǔ liǎng diǎn shàng kè.

③ A: ＿＿＿＿＿＿＿＿＿＿?

B: 她 (그녀는) 晚上七点看电视。
Tā wǎnshang qī diǎn kàn diànshì.

四 根据下面的句子，用"吗"提问 다음 문장을 토대로 吗를 사용하여 질문해 보세요.

① 他明天有课。
Tā míngtiān yǒu kè.

② 10月12号是我的生日。
Shí yuè shí'èr hào shì wǒ de shēngrì.

③ 娜拉中午不休息。
Nàlā zhōngwǔ bù xiūxi.

④ 她 (she) 下午上网。
Tā xiàwǔ shàng wǎng.

五 把下列句子改成否定句 다음 문장을 부정문으로 바꿔 보세요.

① 他是日本人。
Tā shì Rìběnrén.

② 星期二下午我有课。
Xīngqī'èr xiàwǔ wǒ yǒu kè.

③ 今天星期五。
Jīntiān xīngqīwǔ.

④ 中午我睡觉。
Zhōngwǔ wǒ shuì jiào.

第3课

我买这个 (Wǒ mǎi zhège)
난 이걸 살 거에요.

目标　Objectives

1. 复习数字11–100。 11에서 100까지 숫자 복습하기
2. 学习人民币的表达法。 인민폐에 대한 표현 익히기
3. 学习询问商品和价格。 상품과 그 가격을 문의하는 표현 익히기
4. 学习购物时的常用语句。 쇼핑에 대한 상용 표현 익히기
5. 学习还价和付款的简单说法。 흥정과 지불에 대한 간단한 표현 익히기

准备　Preparation

一　复习数字和时间 숫자와 시간 복습하기

1. 听录音，并在房间的门上写出你听到的房间号。 녹음을 듣고, 그림의 문들에 방 번호를 써 넣으세요.
🎧 03-01

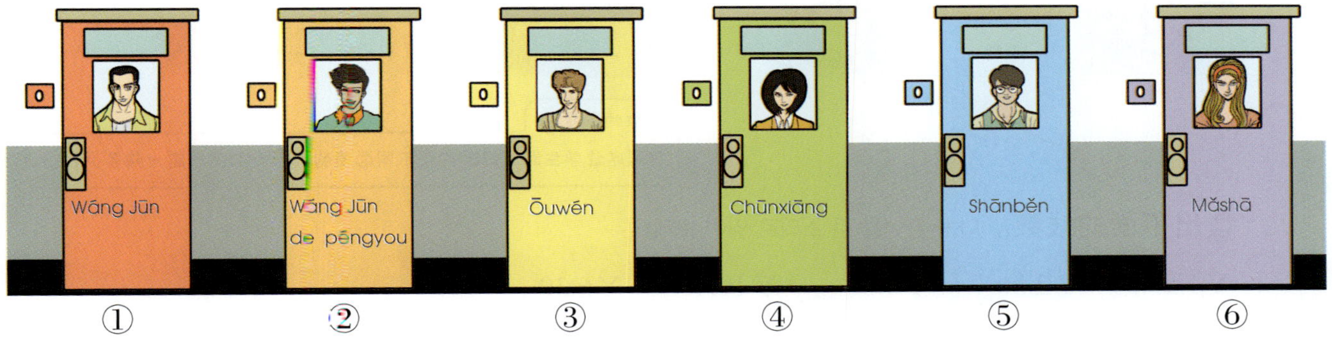

2. 回答下列问题。 다음 물음에 답하세요.

① 今天几月几号？星期几？
Jīntiān jǐ yuè jǐ hào? Xīngqī jǐ?

② 昨天(어제)几月几号？星期几
Zuótiān jǐ yuè jǐ hào? Xīngqī jǐ?

③ 前天(그저께)几月几号？星期几？
Qiántiān jǐ yuè jǐ hào? Xīngqī jǐ?

④ 明天几月几号？星期几？
Míngtiān jǐ yuè jǐ hào? Xīngqī jǐ?

⑤ 后天(내일 모레)几月几号？星期几？
Hòutiān jǐ yuè jǐ hào? Xīngqī jǐ?

3. 问三个同伴他们家人和朋友的生日。3명의 파트너에게 그들의 가족과 친구들의 생일이 언제인지 물어 보세요.

	본인	파트너 ❶	파트너 ❷	파트너 ❸
爸爸的生日 bàba de shēngrì				
妈妈的生日 māma de shēngrì				
朋友的生日 péngyou de shēngrì				

Word bank

爸爸(아빠)　　妈妈(엄마)
bàba　　　　māma

Pattern
你……的生日是几月几号？
Nǐ … de shēngrì shì jǐ yuè jǐ hào?

二　认识人民币 인민폐에 대해 알아 보세요.

1. 看看下面的人民币，你知道是多少钱吗？다음 인민폐를 보세요. 인민폐에 대해 알고 있습니까?

 一角 yì jiǎo
 五角 wǔ jiǎo
 一元 yì yuán
 五元 wǔ yuán

 十元 shí yuán
 二十元 èrshí yuán
 五十元 wǔshí yuán
 一百元 yìbǎi yuán

2. 读出下面的钱数。다음 금액을 큰 소리로 읽어 보세요.

￥1.20　　￥2.50　　￥3.80　　￥10.40　　￥6.30

词语　**Words and Expressions**

◎ 朗读下列词语，注意发音和词语的意思。다음 단어를 발음과 의미에 주의하여 큰 소리로 읽어 보세요.

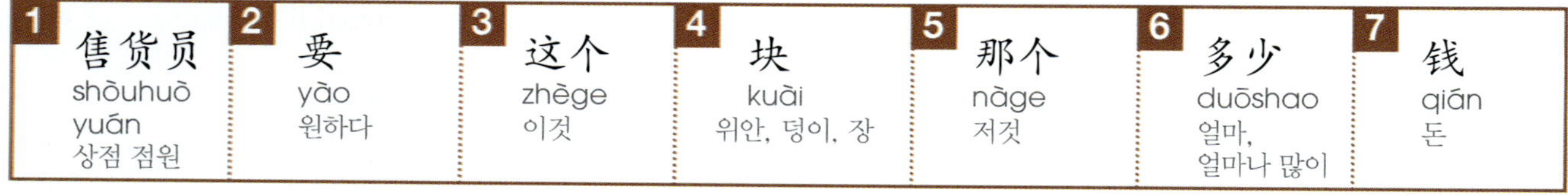

1	2	3	4	5	6	7
售货员 shòuhuò yuán 상점 점원	要 yào 원하다	这个 zhège 이것	块 kuài 위안, 덩이, 장	那个 nàge 저것	多少 duōshao 얼마, 얼마나 많이	钱 qián 돈

◎ **选择合适的词语进行搭配。** 아래 단어와 어울리는 알맞은 단어를 고르세요.

买 mǎi ☐　　一共 yígòng ☐　　还要 hái yào ☐

이것도 알아두자!

연결되는 말은 찾아 가능한 한 많은 단어를 만들어 보세요.

句子 Sentences

◎ **朗读句子。** 다음 문장을 큰 소리로 읽어 보세요.

① 您要什么？
Nín yào shénme?
도와드릴까요?

② 那个多少钱？
Nàge duōshao qián?
저것은 얼마입니까?

③ 我买一个面包。
Wǒ mǎi yí ge miànbāo.
난 빵 한 덩어리를 살 것입니다.

④ 还要别的吗？
Hái yào bié de ma?
그 밖에 원하는 것이 무엇입니까?

⑤ 再买一瓶水。
Zài mǎi yì píng shuǐ.
그리고 물 한 병 주세요.

⑥ 一共多少钱？
Yígòng duōshao qián?
전부 합쳐 얼마입니까?

⑦ 有没有铅笔？
Yǒu méiyǒu qiānbǐ?
연필 있습니까?

⑧ 有零钱吗？
Yǒu língqián ma?
잔돈 있습니까?

⑨ 太贵了，三块行吗？
Tài guì le, sān kuài xíng ma?
너무 비쌉니다. 3위안에 될까요?

⑩ 你要多少？
Nǐ yào duōshao?
얼마나 필요합니까?

◎ **听录音，填词语。** 녹음을 듣고, 빈 칸을 채워 보세요.　03-02

① 再买一瓶＿＿＿＿＿。
Zài mǎi yì píng ＿＿＿＿＿.

② 还要＿＿＿＿＿吗？
Hái yào ＿＿＿＿＿ ma?

③ 有＿＿＿＿＿吗？
Yǒu ＿＿＿＿＿ ma?

④ 那个＿＿＿＿＿钱？
Nàge ＿＿＿＿＿ qián?

⑤ 太＿＿＿＿＿了，三块行吗？
Tài ＿＿＿＿＿ le, sān kuài xíng ma?

⑥ 你要＿＿＿＿＿？
Nǐ yào ＿＿＿＿＿?

⑦ 我买一个＿＿＿＿＿。
Wǒ mǎi yí ge ＿＿＿＿＿.

⑧ ＿＿＿＿＿多少钱？
＿＿＿＿＿ duōshao qián?

⑨ 您要＿＿＿＿＿？
Nín yào ＿＿＿＿＿?

⑩ 有没有＿＿＿＿＿？
Yǒu méiyǒu ＿＿＿＿＿?

情景 Situations

◎ **看着图片听两遍录音，然后和同伴根据图片内容对话。** 그림을 보고 녹음을 두 번 들어 보세요. 그리고 그림을 토대로 파트너와 대화해 보세요.　03-03

① ②

◎ **朗读对话一，注意发音和语气。** 대화문 1을 발음과 억양에 주의하여 큰 소리로 읽어 보세요.

Dialogue 1

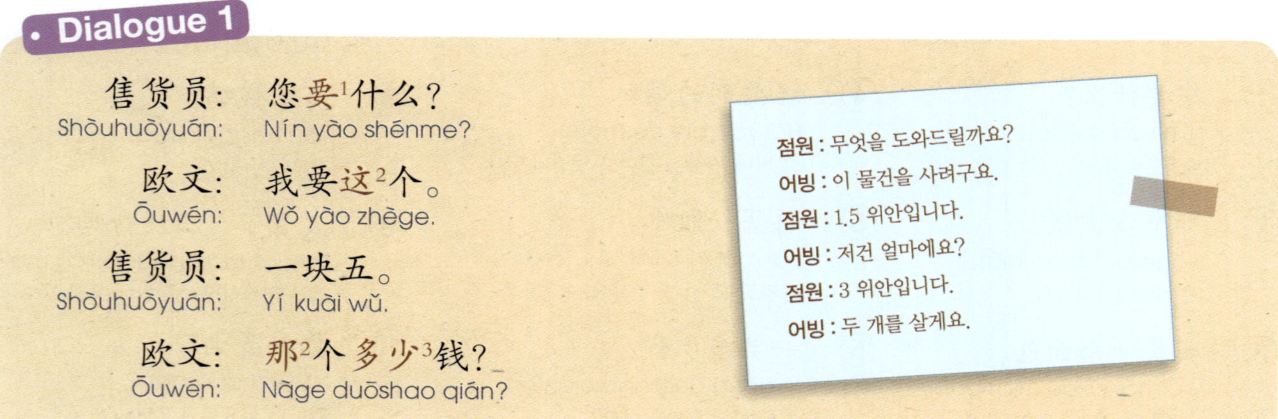

售货员： 您要[1]什么？
Shòuhuòyuán: Nín yào shénme?

欧文： 我要这[2]个。
Ōuwén: Wǒ yào zhège.

售货员： 一块五。
Shòuhuòyuán: Yí kuài wǔ.

欧文： 那[2]个多少[3]钱？
Ōuwén: Nàge duōshao qián?

점원 : 무엇을 도와드릴까요?
어빙 : 이 물건을 사려구요.
점원 : 1.5 위안입니다.
어빙 : 저건 얼마에요?
점원 : 3 위안입니다.
어빙 : 두 개를 살게요.

售货员： 三块。
Shòuhuòyuán: Sān kuài.

欧文： 我要两[4]个。
Ōuwén: Wǒ yào liǎng ge.

◎ **根据对话一，选择合适的句子跟同伴对话。** 대화문 1에서 알맞은 문장을 골라 파트너와 이야기해 보세요.

질문	답변
	我要这个。 Wǒ yào zhège.
那个多少钱? Nàge duōshao qián?	

◎ **看图片，和同伴商量他们可能在说什么。** 그림을 보고 그들이 무엇에 대해 이야기하고 있을지 파트너와 이야기해 보세요.

①

②

③

◎ **朗读对话二，注意发音和语气。** 대화문 2를 발음과 성조에 주의하여 큰 소리로 읽어 보세요.

Dialogue 2

售货员：　你买什么[1]?
Shòuhuòyuán:　Nǐ mǎi shénme?

春香：　我买一个面包。
Chūnxiāng:　Wǒ mǎi yí ge miànbāo.

售货员：　三块五。还[2]要别的吗?
Shòuhuòyuán:　Sān kuài wǔ. Hái yào bié de ma?

春香：　再[3]买一瓶水。一共多少钱?
Chūnxiāng:　Zài mǎi yì píng shuǐ. Yígòng duōshao qián?

售货员：　一共六块五。
Shòuhuòyuán:　Yígòng liù kuài wǔ.

春香：　给你钱。
Chūnxiāng:　Gěi nǐ qián.

> 점원 : 무엇을 도와드릴까요?
> 춘향 : 빵 하나 사려구요.
> 점원 : 그것은 3.5 위안입니다. 그 밖에 무엇을 원하십니까?
> 춘향 : 그리고 물 한 병이요. 전부 합쳐서 얼마인가요?
> 점원 : 전부 6.5 위안입니다.
> 춘향 : 여기 있습니다.

Tip

1. 중국어 어순은 영어와는 다릅니다. 什么你买라고 말할 수 없습니다.

2. 还는 원래것보다 덧붙일 때 씁니다. 예) 还要什么(hái yào shénme 그 밖에 원하는 것은 무엇입니까) / 还有什么(hái yǒu shénme 그 밖에 가지고 있는 것은 무엇입니까).

3. 再는 동사 앞에 사용되어 행동의 반복이나 지속을 나타냅니다. 예) 再吃一个(zài chī yí ge 또 하나를 먹다). 再说一遍(zài shuō yí biàn 다시 말하다).

◎ **根据对话二判断下列说法是否正确。** 대화문 2에 대한 다음 설명이 사실인지 거짓인지 확인해 보세요.

① 春香要两个面包。□
Chūnxiāng yào liǎng ge miànbāo.

② 面包一块五一个。□
Miànbāo yí kuài wǔ yí ge.

③ 水一瓶一块钱。□
Shuǐ yì píng yí kuài qián.

④ 一共五块钱。□
Yígòng wǔ kuài qián.

◎ **根据对话二，选择合适的句子跟同伴对话。** 대화문 2에서 적절한 문장을 골라 파트너와 이야기해 보세요.

질문	답변
你买什么? Nǐ mǎi shénme?	
	再买一瓶水。 Zài mǎi yì píng shuǐ.
	一共六块五。 Yígòng liù kuài wǔ.

三

◎ **听录音，回答问题。** 녹음을 두 번 듣고, 다음 물음에 답하세요. 🎧 03-04

① 玛莎买什么？
Mǎshā mǎi shénme?

④ 玛莎还买别的吗？
Mǎshā hái mǎi bié de ma?

② 铅笔多少钱一支？
Qiānbǐ duōshao qián yì zhī?

⑤ 一共多少钱
Yígòng duōshao qián?

③ 玛莎要几支铅笔？
Mǎshā yào jǐ zhī qiānbǐ?

⑥ 玛莎有零钱吗？
Mǎshā yǒu língqián ma?

◎ **朗读对话三，注意发音和语气。** 대화문 3을 발음과 성조에 주의하여 큰 소리로 읽어 보세요.

Dialogue 3

玛莎： 有没有[1]铅笔？
Mǎshā: Yǒu méiyǒu qiānbǐ?

售货员： 有，一块五一支[2]。
Shòuhuòyuán: Yǒu, yí kuài wǔ yì zhī.

玛莎： 我要两支。
Mǎshā: Wǒ yào liǎng zhī.

售货员： 还要什么？
Shòuhuòyuán: Hái yào shénme?

玛莎： 不要了，谢谢。
Mǎshā: Bú yào le, xièxie.

售货员： 有零钱吗？
Shòuhuòyuán: Yǒu língqián ma?

玛莎： 没有。
Mǎshā: Méiyǒu.

마샤 : 연필 있어요?
점원 : 네, 하나에 1.5위안입니다.
마샤 : 두 개를 살게요.
점원 : 그 외에 다른 것은요?
마샤 : 아니오, 괜찮습니다.
점원 : 잔돈이 있으세요?
마샤 : 아니오.

Tip

1. 有의 부정형은 没有입니다. 중국어에서 단어의 긍정형과 부정형은 질문을 하기 위해 나란히 배치될 수 있습니다. 예) 有没有水? (Yǒu méiyǒu shuǐ? 물 있어요?) 你去不去教室? (Nǐ qù bu qù jiàoshì? 당신은 교실에 갈 예정입니까?) 이러한 종류의 질문에는 둘 중 하나로 대답합니다. 예) 有 또는 没有, 去 또는 不去.

2. 铅笔一块五一支 (qiānbǐ yí kuài wǔ yì zhī)를 의미합니다. 구어체에서 이미 알고 있는 정보는 생략됩니다. 一支一块五 (yì zhī yí kuài wǔ)라고도 말할 수 있습니다.

◎ **根据对话三回答问题。** 대화문 3을 토대로 다음 물음에 답하세요.

이것도 알아두자!

다른 방식으로 안해도 됩니다.

① 玛莎要(원하다)买铅笔，她怎么(어떻게)说(말하다)？
Mǎshā yào mǎi qiānbǐ, tā zěnme shuō?

② 售货员问玛莎还买什么，售货员怎么(어떻게)说(말하다)?
Shòuhuòyuán wèn Mǎshā hái mǎi shénme. Shòuhuòyuán zěnme shuō?

③ 售货员收钱(지불 받다)的时候怎么(어떻게)说(말하다)?
Shòuhuòyuán shōu qián de shíhou zěnme shuō?

◎ **根据对话三填空，然后试着说说对话内容。** 대화문 3을 토대로 빈칸을 채우고 대화 내용을 다시 말해 보세요.

> **이것도 알아두자!**
> 병음으로 써도 됩니다.
>
> 玛莎要(원하다)买________。她(그녀)问(묻다)售货员_______。售货员说(말하다)
> Mǎshā yào mǎi..................... . Tā wèn shòuhuòyuán............. . Shòuhuòyuán shuō
> 铅笔一块五_______。玛莎买了_______铅笔，一共_______。
> qiānbǐ yí kuài wǔ............. . Mǎshā mǎi le............qiānbǐ, yígòng ....
> 玛莎没有________。
> Mǎshā méiyǒu................ .

四

◎ **先读一遍下面的句子，然后听录音，并按照你听到的顺序给句子标上序号。** 다음 문장을 읽고 녹음을 들은 후 들은 문장에 번호를 쓰세요.　🎧 03-05

☐ 香蕉呢?
Xiāngjiāo ne?

☐ 我要两斤苹果。
Wǒ yào liǎng jīn píngguǒ.

☐ 三块五。
Sān kuài wǔ.

☐ 太贵了，三块行吗?
Tài guì le, sān kuài xíng ma?

☐ 给你十块。
Gěi nǐ shí kuài.

☐ 我要一斤香蕉。
Wǒ yào yì jīn xiāngjiāo.

☐ 两块五。
Liǎng kuài wǔ.

☐ 苹果多少钱一斤?
Píngguǒ duōshao qián yì jīn?

☐ 行，你要多少?
Xíng, nǐ yào duōshao?

☐ 一共八块五。
Yígòng bā kuài wǔ.

☐ 找你一块五。
Zhǎo nǐ yí kuài wǔ.

◎ **朗读对话四，注意发音和语气。** 대화문 4를 발음과 성조에 주의하여 큰 소리로 읽어 보세요.

Dialogue 4

山本: Shānběn:	苹果多少钱一斤？ Píngguǒ duōshao qián yì jīn?
摊主: Tānzhǔ:	三块五。 Sān kuài wǔ.
山本: Shānběn:	太贵了[1]，三块行吗[2]？ Tài guì le, sān kuài xíng ma?
摊主: Tānzhǔ:	行，你要多少？ Xíng, nǐ yào duōshao?
山本: Shānběn:	我要两斤苹果。香蕉呢？ Wǒ yào liǎng jīn píngguǒ. Xiāngjiāo ne?
摊主: Tānzhǔ:	两块五。 Liǎng kuài wǔ.
山本: Shānběn:	我要一斤香蕉。 Wǒ yào yì jīn xiāngjiāo.
摊主: Tānzhǔ:	一共八块五。 Yígòng bā kuài wǔ.
山本: Shānběn:	给[3]你十块。 Gěi nǐ shí kuài.
摊主: Tānzhǔ:	找你一块五。 Zhǎo nǐ yí kuài wǔ.

야마모토 : 사과는 한 근에 얼마예요?
판매원 : 3.5 위안입니다.
야마모토 : 너무 비싸네요. 3위안에 될까요?
판매원 : 네. 얼마나 원하십니까?
야마모토 : 두 근이요. 바나나는 어떻게 되나요?
판매원 : 2.5 위안입니다.
야마모토 : 바나나도 한 근 살게요.
판매원 : 전부 8.5 위안입니다.
야마모토 : 여기 10 위안 있습니다.
판매원 : 여기 잔돈 1.5 위안입니다.

Tip

1. 太…了는 정도를 나타냅니다. 흔히 마음에 안드는 것을 설명하기 위해 사용됩니다. 예) 太贵了 (tài guì le 너무 비싼), 太大了 (tài dà le 너무 큰), 太少了 (tài shǎo le 너무 적은). 그러나 太好了! (tài hǎo le! 참 잘했어요.)라고 말할 수는 있습니다.

2. 行吗는 흔히 협상에 사용됩니다. 예) 我休息一会儿，行吗？(Wǒ xiūxi yíhuìr, xíng ma? 제가 쉴 수 있을까요?) 대답은 주로 行, 또는 不行 입니다.)

3. 여기서 给는 두 개의 목적어를 이끄는 동사입니다. 목적어 중 하나는 사람을 가리키고, 다른 하나는 사물을 가리킵니다.

◎ **根据对话四，选择合适的句子跟同伴对话。** 대화문 4에서 적절한 문장을 골라 파트너와 이야기해 보세요.

질문	답변
	三块五。 Sān kuài wǔ.
	行，你要多少？ Xíng, nǐ yào duōshao?
香蕉呢？ Xiāngjiāo ne?	

活 动 **Activities**

一 看图学词语 그림을 보고 단어 익히기

画线将小词库中的词语与相应的图片连接起来，然后朗读词语。 단어 은행의 각 단어를 그림과 연결하고, 큰 소리로 읽어 보세요.

○ Word bank

| 可口可乐
kěkǒu kělè
콜라 | 饼干
bǐnggān
비스킷 | 方便面
fāngbiànmiàn
즉석 라면 | 橘子
júzi
오렌지 | 葡萄
pútao
포도 | 汉堡包
hànbǎobāo
햄버거 | 啤酒
píjiǔ
맥주 |

二 双人活动 짝 활동

你和同伴分别是两个商店的老板，先给自己的商品定价，然后互相询问对方定的价钱。 당신과 파트너는 각각 두 상점의 주인입니다. 상품에 대한 가격을 정하고, 그 가격에 대해 서로 물어 보세요.

상품	가격
kěkǒu kělè	
píjiǔ	
miànbāo	
hànbǎobāo	
fāngbiànmiàn	
xiāngjiāo	
júzi	

三　小组活动　그룹 활동

3–4人一组，利用活动二的价格表进行购物练习。 3명 또는 4명으로 그룹을 지어 짝 활동에 있는 가격 목록에 따라 쇼핑하는 것을 연습해 보세요.

Pattern

你买什么？ Nǐ mǎi shénme?	我买……。 Wǒ mǎi ...
……多少钱？ ... duōshao qián?	我要……。 Wǒ yào ...
还要别的吗？ Hái yào bié de ma?	一共多少钱？ Yígòng duōshao qián?

四　全班活动：超市大赢家　학급 활동: 슈퍼마켓 승자

3–4人一组，为自己的超市购买商品。每个小组只有部分商品，所以要为自己的商品定价并出售，还要去其他的小组购买别的商品。最后哪个小组买到商品清单中的8种商品，哪个小组获胜。 3명 또는 4명이 그룹을 지어 수행합니다. 자신의 슈퍼마켓을 위해 상품을 구입하십시오. 자신의 그룹은 단지 일부의 상품을 가지고 있습니다. 그래서 당신은 가격을 정해야 하고 다른 그룹으로부터 여러 종류의 상품을 구입하기 위해 그것들을 팔아야 합니다. 목록에 있는 모든 8종류의 상품을 소유하는 그룹이 게임에서 승리합니다.

语言练习 Language Focus

一 语音和语调 발음과 성조

1. 辨音练习。 발음 연습

i-in	ian-iang	in-ing	ai-uai	a-ai	e-ei
ni-nin	qian-liang	jin- ping	hai-kuai	na-mai	le-gei

2. 声调练习。 성조 연습

yào kuāi nǎ liǎng hái gěi zhī guì zhǎo

3. 朗读下列词语。 다음 단어들을 큰 소리로 읽어 보세요.

① **前重后轻**。 앞부분 강세

别的	谢谢	多少
bié de	xièxie	duōshao

② **前中后重**。 뒷부분 강세

面包	咖啡	一共	正好	铅笔	苹果	香蕉	摊主	零钱
miànbāo	kāfēi	yígòng	zhènghǎo	qiānbǐ	píngguǒ	xiāngjiāo	tānzhǔ	língqián

4. 快速读出下列数字。 다음 숫자들을 큰 소리로 빠르게 읽어 보세요.

￥0.10	￥0.35	￥0.50	￥0.70	￥63.70
￥47.80	￥2.20	￥3.60	￥100	￥9.00
￥10.40	￥29.80	￥11.05	￥32.00	￥89.60

5. 用正确的语调朗读下面的句子，注意语气和重音。 다음 문장들을 성조와 강세에 주의하여 정확한 억양으로 큰 소리로 읽어 보세요.

① 您要什么？
Nín yào shénme?

② 我买一个面包。
Wǒ mǎi yí ge miànbāo.

③ 那个多少钱？
Nàge duōshao qián?

④ 还要别的吗？
Hái yào bié de ma?

⑤ 再买一瓶水。
Zài mǎi yì píng shuǐ.

⑥ 太贵了，三块行吗？
Tài guì le, sān kuài xíng ma?

二 替换练习 대체 연습

从小词库中选择词语替换画线部分，并说出完整的句子。단어 은행에서 밑줄 친 단어를 대신할 수 있는 단어를 고르고 전체 문장을 말해 보세요.

Word bank

汉堡包 hànbǎobāo	方便面 fāngbiànmiàn	苹果 píngguǒ
香蕉 xiāngjiāo	可口可乐 kěkǒu kělè	啤酒 píjiǔ
水 shuǐ	铅笔 qiānbǐ	瓶 píng
斤 jīn	支 zhī	个 gè

① 我要一个 面包。
Wǒ yào yí ge miànbāo.

② 那个多少钱？
Nàge duōshao qián?

③ 再买一瓶水。
Zài mǎi yì píng shuǐ.

④ 有没有铅笔？
Yǒu méiyǒu qiānbǐ?

三 选择合适的量词填空 빈칸에 들어갈 알맞은 양사를 고르세요.

个 gè   瓶 píng   斤 jīn   支 zhī

两（ ）水
liǎng   shuǐ

一（ ）面包
yī   miànbāo

五（ ）苹果
wǔ   píngguǒ

一（ ）葡萄
yī   pútao

四（ ）汉堡包
sì   hànbǎobāo

八（ ）铅笔
bā   qiānbǐ

四 完成对话 대화문 완성하기

1. 用"太……了！"完成下面的对话。太……了！을 사용하여 대화문을 완성하세요.

A: 苹果多少钱一斤？
Píngguǒ duōshao qián yì jīn?

B: 五块一斤。
Wǔ kuài yì jīn.

A: ＿＿＿＿＿＿＿，我不要。
…… , wǒ bú yào.

2. 用"……行吗？"模仿对话。예시를 참고하여 ……行吗？을 사용하여 대화문을 만들어 보세요.

A: 三块行吗？   B: 行。
Sān kuài xíng ma?   Xíng.

① A: 苹果多少钱一斤？
Píngguǒ duōshao qián yì jīn?

B: 两块五。
Liǎng kuài wǔ.

A: ＿＿＿＿＿＿＿？

B: 行。
Xíng.

② A: 香蕉呢？
Xiāngjiāo ne?

B: 一块八。
Yí kuài bā.

A: ＿＿＿＿＿＿＿？

B: 不行。
Bù xíng.

五 利用下面的词语，用"有没有"提问 다음 단어를 사용하여 有没有를 가지고 질문해 보세요.

① 啤酒(맥주)
pí jiǔ

② 咖啡(커피)
kāfēi

③ 苹果
píngguǒ

六 连词成句 단어를 조합하여 문장 만들기

① 的　　要　　吗　　还　　别
de　　yào　　ma　　hái　　bié

② 一　　我　　买　　面包　　个
yī　　wǒ　　mǎi　　miànbāo　　gè

③ 钱　　找　　块　　你　　五
qián　　zhǎo　　kuài　　nǐ　　wǔ

④ 三　　块　　斤　　五　　一　　苹果
sān　　kuài　　jīn　　wǔ　　yī　　píngguǒ

我们点菜 (Wǒmen diǎn cài)
저희 주문하겠습니다.

目标　Objectives

1. 复习表达一般需要的常用语句。평범한 요구에 대한 상용 표현 복습하기
2. 学习点菜的常用语句。요리 주문에 대한 상용 표현 익히기
3. 学习点主食的常用语句。주요 식품 주문에 대한 상용 표현 익히기
4. 学习点酒水、饮料的常用语句。음료수 주문에 대한 상용 표현 익히기
5. 学习吃饭时提出简单的要求。식사를 할 때 요구하는 간단한 표현 익히기

准备　Preparation

1. 模拟表演。실제처럼 해보기

   两人一组，进行购物练习，买水果或其他食物。두 명이 짝을 지어 활동합니다. 쇼핑하는 것을 연습하고 약간의 과일 또는 다른 음식을 구입해 보세요.

   给教师的提示

   您可以准备若干水果和食物的图片贴在黑板上，方便同学们做购物练习。活动结束后，您可以将重点句子写在黑板或纸板上让学生一起来读。

2. 你觉得图片中的两个人可能会说什么。그림에서 두 사람은 무엇에 대해 이야기하고 있다고 생각합니까?

3. 看看下面的图片，你喜欢吃什么？ 다음 그림을 보세요. 무엇을 먹고 싶습니까?

肉
ròu
고기

鸡
jī
닭고기

鱼
yú
생선

鸡蛋
jīdàn
달걀

青菜
qīngcài
녹색 채소

大米
dàmǐ
쌀

面条儿
miàntiáor
국수

饺子
jiǎozi
만두

词语 Words and Expressions

◎ 朗读下列词语，注意发音和词语的意思。 다음 단어를 발음과 의미에 주의하여 큰 소리로 읽어 보세요.

1 服务员 fúwùyuán (남, 여) 식당 종업원	**2** 你们 nǐmen 당신들, 你의 복수형	**3** 来 lái 원하다
4 主食 zhǔshí 주식	**5** 碗 wǎn 그릇	**6** 米饭 mǐfàn 쌀
7 (一)点儿 (yì) diǎnr 약간	**8** 面条儿 miàntiáor 국수	**9** 饺子 jiǎozi 만두
10 喝 hē 마시다	**11** 啤酒 píjiǔ 맥주	**12** 茶 chá 차
13 勺子 sháozi 숟가락	**14** 请 qǐng 부탁하다	**15** 饭 fàn 쌀
16 很 hěn 매우	**17** 张 zhāng 조각, 양사	**18** 餐巾纸 cānjīnzhǐ 냅킨
19 结账 jié zhàng 지불하다	**20** 百 bǎi 100	**21** 四 sì 4
22 菜 cài 요리	**23** 打包 dǎ bāo 남은 음식을 싸가다	**24** 菜名 요리 이름
24 红烧鱼 hóngshāo yú 간장에 졸인 생선	**25** 炒青菜 chǎo qīngcài 청경채 볶음	**26** 红烧牛肉 hóngshāo niú ròu 간장에 졸인 쇠고기
27 鸡蛋炒饭 jīdàn chǎo fàn 계란 볶음밥	**28** 酸辣汤 suān là tāng 매콤 새콤한 수프	

◎ **选择合适的词语进行搭配。** 아래 단어와 어울리는 알맞은 단어를 선택하세요.

| 喝 hē | | 很 hěn | | | 打包 dǎ bāo |

이것도 알아두자!
연결되는 말은 찾아 가능한 한 많은 단어를 만들어 보세요.

◎ **画线连接。** 선을 그어 연결해 보세요.

三瓶 sān píng　　一个 yí ge　　两张 liǎng zhāng　　两碗 liǎng wǎn

给教师的提示
连接后您需要带领学生画线朗读，并提醒学生注意量词的用法。

米饭 mǐfàn　　面条儿 miàntiáor　　啤酒 píjiǔ　　勺子 sháozi　　餐巾纸 cānjīnzhǐ

◎ **词语搭积木。** 단어 합성하기

Example:　米饭 mǐfàn　　主食 zhǔshí　　勺子 sháozi　　打包 dǎ bāo

一碗米饭 yìwǎn mǐfàn　　□□主食　　□□勺子　　□打包

要一碗米饭 yào yìwǎn mǐfàn　　□□□主食　　□□□□勺子　　□□打包

给教师的提示
这个练习，您可以按照从上到下的顺序带领学生依次朗读，也可以分给不同的小组先做练习，然后全班交流。

句子 Sentences

◎ **朗读句子。** 다음 문장을 큰 소리로 읽어 보세요.

① 你们吃什么？
Nǐmen chī shénme?
당신들은 무엇을 드시고 싶나요?

② 来一个红烧鱼。
Lái yí ge hóngshāo yú.
우리는 간장에 졸인 생선을 원합니다.

③ 有什么主食？
Yǒu shénme zhǔshí?
주식으론 무엇이 있나요?

④ 我要一个鸡蛋炒饭。
Wǒ yào yí ge jīdàn chǎo fàn.
나는 계란볶음밥을 먹고 싶습니다.

⑤ 喝点儿什么？
Hē diǎnr shénme?
당신은 무엇을 마시고 싶나요?

⑥ 请给我一个勺子。
Qǐng gěi wǒ yí ge sháozi.
숟가락을 부탁 드립니다.

⑦ 我要一张餐巾纸。
Wǒ yào yì zhāng cānjīnzhǐ.
냅킨 좀 주세요.

⑧ 服务员，结账。
Fúwùyuán, jié zhàng.
종업원, 계산서를 주세요.

⑨ 这个菜请打包。
Zhège cài qǐng dǎ bāo.
이 요리 남은 것좀 포장해 주세요.

◎ **听录音，填词语。** 녹음을 듣고 빈칸을 채워 보세요.　04-01

① ________一个红烧鱼。
　　________ yí ge hóngshāo yú.

③ ________点儿什么？
　　________ diǎnr shénme?

⑤ 这个菜请________。
　　Zhège cài qǐng ________.

② 请给我一个________。
　　Qǐng gěi wǒ yí ge ________.

④ 你们吃________什么？
　　Nǐmen chī ________ shénme?

⑥ 我要一张________。
　　Wǒ yào yì zhāng ________.

⑦ 有什么________？
　　Yǒu shénme ________?

情 景 Situations

◎ **看着图片听两遍录音，然后和同伴根据图片内容对话。** 그림을 보고 녹음을 두 번 들어 보세요. 그리고 그림에 대해 파트너와 대화해 보세요.　04-02

◎ **朗读对话一，注意发音和语气。** 대화문 1을 발음과 성조에 주의하여 큰 소리로 읽어 보세요.

• Dialogue 1

服务员： 你们吃什么？
Fúwùyuán： Nǐmen chī shénme?

欧文： 来[1]一个红烧鱼。
Ōuwén： Lái yí ge hóngshāo yú.

服务员： 还要什么？
Fúwùyuán： Hái yào shénme?

娜拉： 再要一个炒青菜。
Nàlā： Zài yào yí ge chǎo qīngcài.

服务员： 吃什么主食？
Fúwùyuán： Chī shénme zhǔshí?

여자 종업원 : 무엇을 드시겠습니까?

어빙 : 간장에 졸인 생선을 먹고 싶습니다.

여자 종업원 : 그 밖에 다른 것은요?

나라 : 청경채 볶음도 주세요.

여자 종업원 : 주식은 어떻게 드릴까요?

어빙 : 밥 두 공기 주세요.

여자 종업원 : 그 밖에 다른 것은요?

나라 : 필요 없습니다. 감사합니다.

欧文: 两碗[2]米饭。
Ōuwén: Liǎng wǎn mǐfàn.

服务员: 还要别的吗?
Fúwùyuán: Hái yào bié de ma?

娜拉: 不要了，谢谢!
Nàlā: Bú yào le, xièxie!

Tip

1. 여기서 来는 要(원하다)를 의미합니다. 보통 쇼핑이나 요리를 주문할 때 사용됩니다.

2. 碗이 원래는 명사 그릇의 의미지만, 여기서는 양사로 사용되었습니다. 杯 (bēi 컵), 瓶 (píng 병), 盘(pán 접시) 등도 마찬가지입니다.

◎ **根据对话一，选择合适的句子跟同伴对话。** 대화문 1에서 적절한 문장을 골라 파트너와 이야기해 보세요.

질문	답변
你们吃什么? Nǐmen chī shénme?	
	再要一个炒青菜。 Zài yào yí ge chǎo qīngcài.
吃什么主食? Chī shénme zhǔshí?	
	不要了，谢谢。 Bú yào le, xièxie.

◎ **看着图片听两遍录音，然后和同伴商量他们可能在说什么。** 그림을 보고 녹음을 두 번 들어 보세요. 그리고 그들이 무엇에 대해 이야기하고 있을지 파트너와 이야기해 보세요. 🎧 04-03

◎ **朗读对话二，注意发音和语气。** 대화문 2를 발음과 성조에 주의하여 큰 소리로 읽어 보세요.

Dialogue 2

服务员： 你们吃点儿¹什么？
Fúwùyuán:　Nǐmen chī diǎnr shénme?

欧文： 一个红烧牛肉，一个炒青菜。
Ōuwén:　Yí ge hóngshāo niú ròu, yí ge chǎo qīngcài.

春香： 有什么主食？
Chūnxiāng:　Yǒu shénme zhǔshí?

服务员： 米饭、面条儿、饺子。
Fúwùyuán:　Mǐfàn, miàntiáor, jiǎozi.

春香： 我要一个鸡蛋炒饭。
Chūnxiāng:　Wǒ yào yí ge jīdàn chǎo fàn.

欧文： 我要面条儿。
Ōuwén:　Wǒ yào miàntiáor.

服务员： 喝点儿什么？
Fúwùyuán:　Hē diǎnr shénme?

欧文： 我要一瓶啤酒。
Ōuwén:　Wǒ yào yì píng píjiǔ.

春香： 我喝茶。
Chūnxiāng:　Wǒ hē chá.

여자 종업원 : 무엇을 드시겠습니까?
어빙 : 간장에 졸인 쇠고기와 청경채 볶음 주세요.
춘향 : 주식은 무엇을 제공하나요?
여자 종업원 : 쌀과 국수, 만두가 있습니다.
춘향 : 저는 계란볶음밥으로 하겠습니다.
어빙 : 저는 국수 주세요.
여자 종업원 : 음료는 어떻게 하시겠습니까?
어빙 : 맥주 한 병이요.
춘향 : 저는 차로 할게요.

Tip

1. 동사 다음에 나오는 点儿는 불확실하고 적은 양을 나타냅니다. 이는 분위기를 완화시키고 예의바른 말로 들리게 합니다. 예) 你喝点儿什么?

◎ **根据对话二，判断下列说法是否正确。** 대화문 2에 대한 다음 설명이 사실인지 거짓인지 확인해 보세요.

① 欧文、春香要一个红烧鱼，一个炒青菜。　☐
Ōuwén, Chūnxiāng yào yí ge hóngshāo yú, yí ge chǎo qīngcài.

② 主食有米饭、面条儿。　☐
Zhǔshí yǒu mǐfàn, miàntiáor.

③ 春香要面条儿，欧文要鸡蛋炒饭。　☐
Chūnxiāng yào miàntiáor, Ōuwén yào jīdàn chǎo fàn.

④ 欧文喝啤酒。　☐
Ōuwén hē píjiǔ.

⑤ 春香也喝啤酒。　☐
Chūnxiāng yě hē píjiǔ

三

◎ **听两遍录音，然后回答问题。** 녹음을 두 번 듣고, 다음 물음에 답하세요.

① 服务员给了欧文什么？
Fúwùyuán gěi le Ōuwén shénme?

② 欧文又（또한）要了什么？
Ōuwén yòu yào le shénme?

③ 春香的饭好吃吗？
Chūnxiāng de fàn hǎo chī ma?

④ 春香要什么？
Chūnxiāng yào shénme?

◎ **朗读对话三，注意发音和语气。** 대화문 3을 발음과 성조에 주의하여 큰 소리로 읽어 보세요.

· Dialogue 3

欧文：服务员，有勺子吗？
Ōuwén: Fúwùyuán, yǒu sháozi ma?

服务员：有。
Fúwùyuán: Yǒu.

欧文：请给我一个勺子。
Ōuwén: Qǐng gěi wǒ yí ge sháozi.

服务员：给您。
Fúwùyuán: Gěi nín.

欧文：谢谢！再来一个酸辣汤。
Ōuwén: Xièxie! Zài lái yí ge suān là tāng.

服务员：好。
Fúwùyuán: Hǎo.

欧文：春香，你的饭好[1]吃吗？
Ōuwén: Chūnxiāng, nǐ de fàn hǎo chī ma?

春香：很好吃。你的面条儿呢？
Chūnxiāng: Hěn hǎo chī. Nǐ de miàntiáor ne?

欧文：也很好吃。
Ōuwén: Yě hěn hǎo chī.

春香：服务员，我要一张餐巾纸。
Chūnxiāng: Fúwùyuán, wǒ yào yì zhāng cānjīnzhǐ.

어빙 : 종업원, 숟가락 있어요?
종업원 : 네.
어빙 : 숟가락 좀 주세요.
종업원 : 여기 있습니다.
어빙 : 감사합니다. 우리는 또한 맵고 새콤한 수프를 원합니다.
종업원 : 네.
어빙 : 춘향, 네 밥은 맛이 좋니?
춘향 : 응, 네 국수는 어때?
어빙 : 나 역시 아주 좋아.
춘향 : 종업원, 냅킨 좀 주세요.

Tip

1. 好는 또한 동사 앞에 쓰여 만족스러운 품질을 나타내기 위해 사용될 수 있습니다.

◎ **根据对话三填空，然后试着说说对话内容。** 대화문 3을 토대로 빈칸을 채우고, 대화 내용을 다시 말해 보세요.

欧文要一个________，服务员给了他。他还要一碗________。春香的________，
Ōuwén yào yí ge________, fúwùyuán gěi le tā. Tā hái yào yì wǎn________. Chūnxiāng de________,

欧文的面条儿也________。
Ōuwén de miàntiáor yě________.

◎ **如果在饭馆吃饭时你需要什么东西的话，怎么说？** 식당에서 식사를 하고 있을 때 무언가 필요하다면, 뭐라고 말하겠습니까?

四

◎ **先读一遍句子，然后听录音，并按照你听到的顺序给句子标上序号。** 먼저 다음 문장을 읽고 녹음을 들은 후 문장에 번호를 쓰세요.  04-05

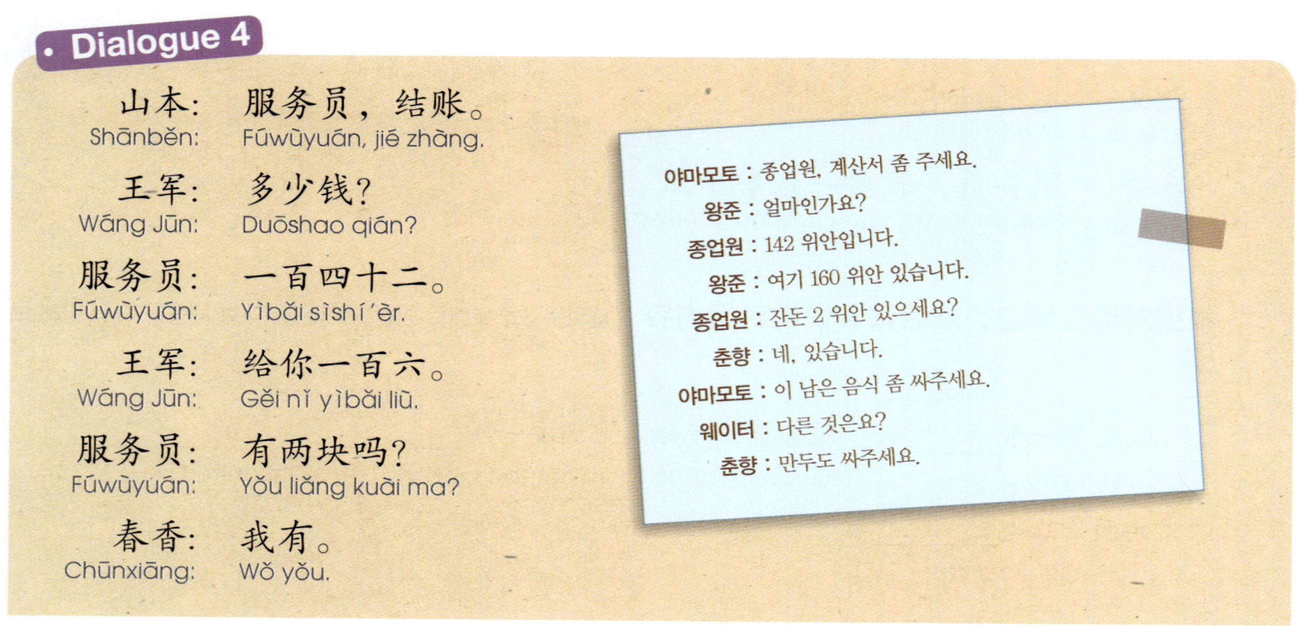

□ 这个菜请打包。
Zhège cài qǐng dǎ bāo.

□ 服务员，结账。
Fúwùyuán, jié zhàng.

□ 有两块吗？
Yǒu liǎng kuài ma?

□ 饺子也打包。
Jiǎozi yě dǎ bāo.

□ 我有。
Wǒ yǒu.

□ 多少钱？
Duōshao qián?

□ 还有哪个？
Hái yǒu nǎge?

□ 一百四十二。
Yìbǎi sìshí'èr.

□ 给你一百六。
Gěi nǐ yìbǎi liù.

◎ **朗读对话四，注意发音和语气。** 대화문 4를 발음과 성조에 주의하여 큰 소리로 읽어 보세요.

• Dialogue 4

山本： 服务员，结账。
Shānběn： Fúwùyuán, jié zhàng.

王军： 多少钱？
Wáng Jūn： Duōshao qián?

服务员： 一百四十二。
Fúwùyuán： Yìbǎi sìshí'èr.

王军： 给你一百六。
Wáng Jūn： Gěi nǐ yìbǎi liù.

服务员： 有两块吗？
Fúwùyuán： Yǒu liǎng kuài ma?

春香： 我有。
Chūnxiāng： Wǒ yǒu.

山本： 这个菜请打包。
Shānběn: Zhège cài qǐng dǎ bāo.

服务员： 还有哪个？
Fúwùyuán: Hái yǒu nǎge?

春香： 饺子也打包。
Chūnxiāng: Jiǎozi yě dǎ bāo.

◎ 根据对话四回答问题。대화문 4를 참조하여 다음 물음에 답하세요.

① 一共多少钱？
Yígòng duōshao qián?

② 王军给服务员多少钱？
Wáng Jūn gěi fúwùyuán duōshao qián?

③ 春香有零钱吗？
Chūnxiāng yǒu língqián ma?

④ 什么打包了？
Shénme dǎ bāo le?

活动 Activities

一 看图学词语 그림을 보고 단어 익히기

1. 画线将小词库中的词语与相应的图片连接起来，然后朗读词语。단어 은행의 단어와 일치하는 그림을 연결하고, 큰 소리로 읽어 보세요.

● Word bank

糖醋里脊	宫保鸡丁	炒青菜	西红柿炒鸡蛋	红烧茄子
táng cù lǐji	gōng bǎo jī dīng	chǎo qīngcài	xīhóngshì chǎo jīdàn	hóngshāo qiézi
탕수육	깐풍기	청경채 볶음	토마토 계란 볶음밥	가지 볶음

二　双人活动　짝 활동

先问一问你的同伴中午想吃什么，然后再问另外两个同学，看看他们想吃什么。파트너에게 점심에 먹고 싶은 음식이 무엇인지 물어 보세요. 그리고 다른 두 명의 친구들에게 무엇을 먹을지 물어 보세요.

Pattern

你吃/喝什么？
Nǐ chī / hē shénme?

我吃/喝……
Wǒ chī / hē ...

	애피타이저	메인 요리	음료
본인			
파트너 ❶			
파트너 ❷			
파트너 ❸			

三　模拟表演　실제처럼 해보기

3–4人一组。先按照进饭店、点菜、表达需求和结账几个部分准备一下，然后给大家表演。3명 또는 4명이 그룹을 지어 활동합니다. 레스토랑에 가서 음식을 주문하고, 요구 사항을 표현하고, 돈을 지불하는 절차를 실행해 보세요.

이것도 알아두자!

손님들은 종업원을 평가합니다. 서비스가 좋을수록 점수는 더 높아집니다. 총점은 10점입니다.

给教师的提示

您要提前准备几张菜单。表演结束后全班评选出点菜最好的"客人"和服务最好的"服务员"。

语言练习　Language Focus

一　语音和语调　발음과 성조

1. **辨音练习**。발음 연습

p-q	ian-iang	uan-ang	en-eng
ping-qing	xian-xiang	wan-zhang	hen-deng

2. **声调练习**。성조 연습

chī　lái　chá　hē　gěi　fàn　hěn　zhāng

3. 朗读下列词语。다음 단어를 큰 소리로 읽어 보세요.

① 前重后轻。앞부분 강세

先生	勺子	饺子
xiānsheng	sháozi	jiǎozi

② 前中后重。뒷부분 강세

主食	米饭	面条儿	啤酒	结账	打包
zhǔshí	mǐfàn	miàntiáor	píjiǔ	jié zhàng	dǎ bāo

③ "一" 的读音。一의 발음

一点儿
yìdiǎnr

④ "三声＋三声" 的读音。" ˇ ＋ ˇ "의 발음 (3성 + 3성)

小姐	你好
xiǎojiě	nǐ hǎo

4. 用正确的语调朗读下面的句子，注意语气和重音。성조와 강세에 주의하여 정확한 억양으로 큰 소리로 다음 문장들을 읽어 보세요.

① 你们吃点儿什么？
Nǐmen chī diǎnr shénme?

② 来一个红烧鱼。
Lái yí ge hóngshāo yú.

③ 我要一个鸡蛋炒饭。
Wǒ yào yí ge jī dàn chǎo fàn.

④ 主食有米饭、面条儿、饺子。
Zhǔshí yǒu mǐfàn, miàntiáor, jiǎozi.

⑤ 再来一个酸辣汤。
Zài lái yí ge suān là tāng.

⑥ 请给我一个勺子。
Qǐng gěi wǒ yí ge sháozi.

⑦ 这个菜请打包。
Zhège cài qǐng dǎ bāo.

二 填量词 양사를 사용하여 빈칸 채우기.

个	碗	张	瓶
gè	wǎn	zhāng	píng

一（　）炒青菜　　一（　）勺子　　一（　）啤酒
yī　chǎo qīngcài　　yī　sháozi　　yī　píjiǔ

一（　）红烧鱼　　两（　）米饭　　几（　）餐巾纸
yī　hóngshāo yú　　liǎng　mǐfàn　　jǐ　cānjīnzhǐ

三 替换练习 대체 연습

① 你们**吃**点儿什么？
nǐmen chī diǎnr shénme?

喝
hē

买
mǎi

② <u>吃</u>什么<u>主食</u>？
Chī shénme zhǔshí?

喝　　酒 (와인)
hē　　jiǔ

买　　水果 (과일)
mǎi　　shuǐguǒ

③ 请给<u>我</u>　　<u>一个勺子</u>。
Qǐng gěi wǒ　　yí ge sháozi.

他　　一个面包
tā　　yí ge miànbāo

老师 (선생님)　　一瓶水
lǎoshī　　yì píng shuǐ

欧文　　两张餐巾纸
Ōuwén　　liǎng zhāng cānjīnzhǐ

④ 来一个<u>红烧鱼</u>。
Lái yí ge hóngshāo yú.

鸡蛋炒饭
jīdàn chǎo fàn

炒青菜
chǎo qīngcài

酸辣汤
suān là tāng

四 用 "（一）点儿" 完成对话　（一）点儿를 사용하여 대화문 완성하기

① A: _______________?

B: 我要一瓶水。
　 Wǒ yào yì píng shuǐ.

② A: _______________?

B: 我要一个红烧牛肉，一碗米饭。
　 Wǒ yào yí ge hóngshāo niú ròu, yì wǎn mǐfàn.

③ A: _______________?

B: 我喝可乐 (콜라)，他喝茶。
　 Wǒ hē kělè, tā hē chá.

我家就在学校附近 (Wǒ jiā jiù zài xuéxiào fùjìn)
나의 집은 학교 근처에 있습니다.

目标 Objectives

1. 复习提出请求。 요청하는 표현 복습하기
2. 学习询问和说明基本方位。 방향을 묻고 설명하는 기본 표현 익히기
3. 学习问路并能听懂所指方向。 길을 묻는 방법을 익히고 방향을 듣고 이해하기
4. 会给问路者指明方向。 누군가에게 길을 알려 주는 표현 익히기

准 备 Preparation

1. 看图片，你觉得图片中的人可能在说什么。 그림을 보고 사람들이 무엇에 대해 이야기하고 있을지 생각해 보세요.

①

②

③

2. 看着图片跟同伴说一说留学生楼在哪儿。그림을 보고, 유학생 건물이 어디에 있는지 파트너와 이야기해 보세요.

食堂
shí táng

银行
yín háng

书店
shū diàn

饭店
fàndiàn

留学生楼
liúxuéshēng lóu

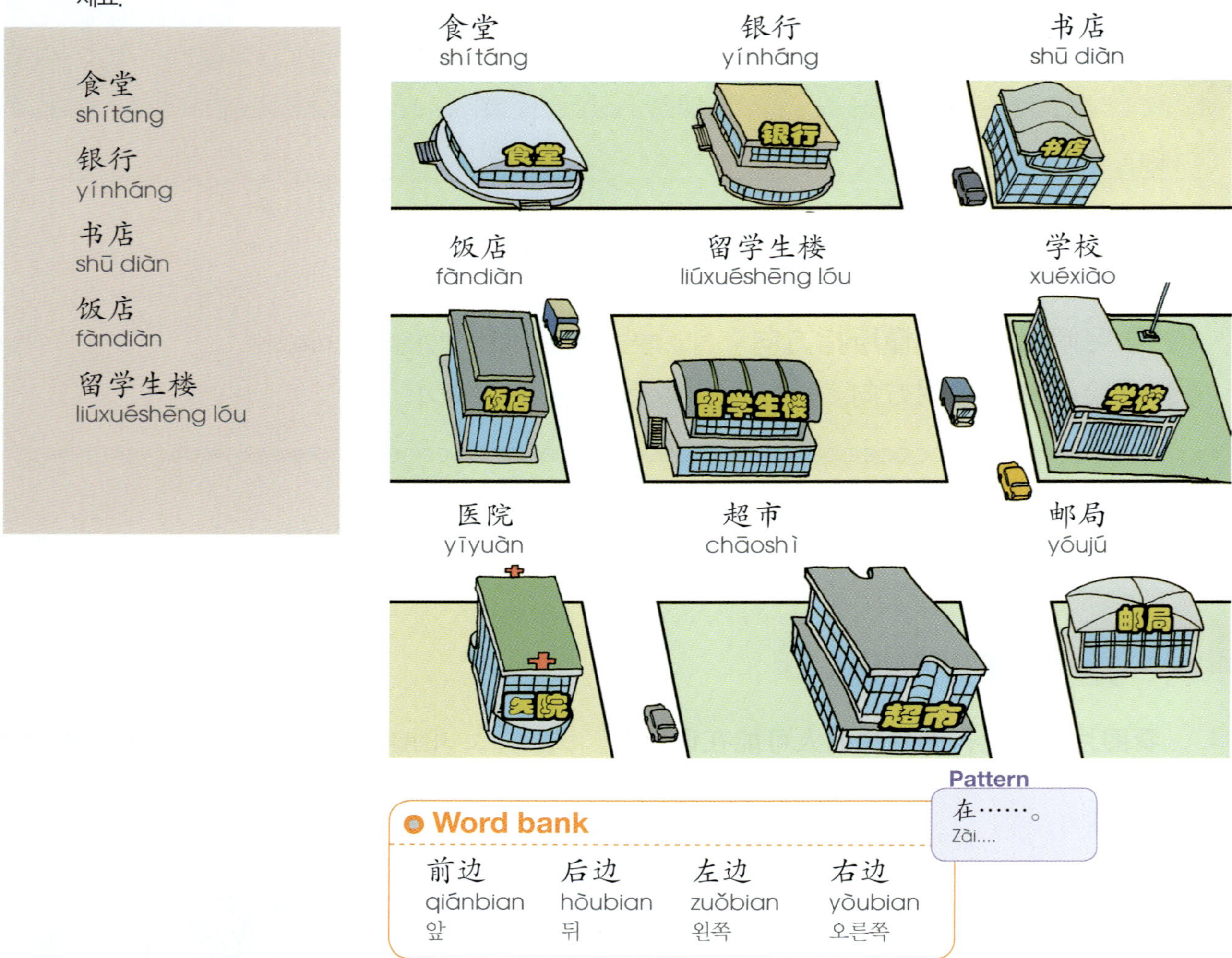

Pattern

在……。
Zài....

◉ **Word bank**

前边	后边	左边	右边
qiánbian	hòubian	zuǒbian	yòubian
앞	뒤	왼쪽	오른쪽

3. 看看你的前后左右都有谁，给大家介绍一下。주위의 사람들을 소개해 보세요.

词语 Words and Expressions

◎ 朗读下列词语，注意发音和词语的意思。다음 단어를 발음과 의미에 주의하여 큰 소리로 읽어 보세요.

1 请问 qǐngwèn 실례합니다	2 邮局 yóujú 우체국	3 在 zài ~에 (있다)	4 学生 xuésheng 학생	5 就 jiù 정확하게	6 前（边） qián (bian) 앞	7 远 yuǎn 멀리
8 食堂 shí táng 구내식당	9 旁边 pángbiān ~옆에	10 带 dài 가지고 가다	11 去 qù 가다	12 吧 ba 어기 조사	13 医院 yīyuàn 병원	14 怎么 zěnme 어떻게

15 走 zǒu 걷다, 가다	16 从 cóng ~로부터	17 这儿 zhèr 여기(에)	18 一直 yìzhí 똑바른, 곧장	19 往 wǎng ~을 향하여	20 银行 yínháng 은행	21 左（边） zuǒ(bian) 왼쪽(편)
22 还是 háishi 또는, 혹은	23 右（边） yòu(bian) 오른쪽(편)	24 学校 xuéxiào 학교	25 附近 fùjìn 근처	26 书店 shū diàn 서점	27 然后 ránhòu 그 때	28 米 mǐ 미터
29 拐 guǎi (방향을) 돌다	30 家 jiā 집	31 离 lí ~로부터	32 到 dào ~에 이르다	33 分钟 fēnzhōng 분	34 出 chū 나가다	35 大门 dàmén 문

给教师的提示

您别忘了提醒学生课前预习这些词语。

1. **听录音，边听边画。画好后按图说位置。** 녹음을 듣고, 그림을 그리세요. 그림을 완성한 후 위치를 설명해 보세요. 🔊 05-01

句子　Sentences

◎ **朗读句子。** 문장을 큰 소리로 읽어 보세요.

① 请问，邮局在哪儿？
Qǐngwèn, yóujú zài nǎr?
실례지만 우체국이 어디에 있는지 알려 주시겠어요?

② 邮局在食堂的旁边。
Yóujú zài shítáng de pángbiān.
우체국은 식당 옆에 있습니다.

③ 我带你去吧。
Wǒ dài nǐ qù ba.
제가 그곳에 모셔다 드리겠습니다.

④ 请问去医院怎么走？
Qǐngwèn qù yīyuàn zěnme zǒu?
병원에 어떻게 가야 하는지 알려 주시겠어요?

⑤ 从这儿一直往前走。
Cóng zhèr yìzhí wǎng qián zǒu.
여기서부터 앞으로 쭉 가시면 됩니다.

⑥ 在银行左边还是右边?
Zài yínháng zuǒbian háishi yòubian?
은행의 왼쪽에 있습니까? 오른쪽에 있습니까?

⑦ 学校附近有书店吗?
Xuéxiào fùjìn yǒu shū diàn ma?
학교 근처에 서점이 있습니까?

⑧ 从我家到学校十五分钟。
Cóng wǒ jiā dào xuéxiào shíwǔ fēnzhōng.
저희 집에서 학교까지는 걸어서 15분 걸립니다.

⑨ 出学校大门往右拐。
Chū xuéxiào dàmén wǎng yòu guǎi.
교문을 나가서 우회전 하세요.

◎ **听录音，填词语。** 녹음을 듣고 빈칸을 채워 보세요.　🎧 05-02

① 从这儿＿＿＿＿往前走。
Cóng zhèr ＿＿＿ wǎng qián zǒu.

② 请问，＿＿＿＿在哪儿?
Qǐngwèn, ＿＿＿ zài nǎr?

③ ＿＿＿＿我家＿＿＿＿学校十五分钟。
＿＿＿ wǒ jiā ＿＿＿ xuéxiào shíwǔ fēnzhōng.

④ 请问去＿＿＿＿怎么走?
Qǐngwèn qù ＿＿＿ zěnme zǒu?

⑤ 在银行的左边＿＿＿＿右边?
Zài yínháng de zuǒbian ＿＿＿ yòubian?

⑥ 出学校大门往右＿＿＿＿。
Chū xuéxiào dàmén wǎng yòu ＿＿＿.

⑦ 学校＿＿＿＿有书店吗?
Xuéxiào ＿＿＿ yǒu shū diàn ma?

给教师的提示
您可以采用各种方式来操练句子，同时纠正学生的发音。

이것도 알아두자!
중국어를 쓸 수 없으면, 병음으로도 가능합니다.

情 景 Situations

一

◎ **听录音，判断正误。** 녹음을 듣고 다음 문장이 사실인지 거짓인지 확인해 보세요.　🎧 05-03

① 邮局就在后边。　☐
Yóujú jiù zài hòubian.

② 邮局很远。　☐
Yóujú hěn yuǎn.

③ 邮局在食堂的旁边。　☐
Yóujú zài shítáng de pángbiān.

④ 中国学生带玛莎去食堂。　☐
Zhōngguó xuésheng dài Mǎshā qù shítáng.

◎ **朗读对话一，注意发音和语气。** 대화문 1을 발음과 성조에 주의하여 큰 소리로 읽어 보세요.

• Dialogue 1

玛莎: 请问，邮局在[1]哪儿?
Mǎshā:　Qǐngwèn, yóujú zài nǎr?

中国学生: 就[2]在前边。
Zhōngguó xuésheng: Jiù zài qiánbian.

玛莎: 远吗?
Mǎshā: Yuǎn ma?

中国学生: 不远，在食堂的旁边。
Zhōngguó xuésheng: Bù yuǎn, zài shítáng de pángbiān.

玛莎: 食堂在哪儿？
Mǎshā: Shítáng zài nǎr?

中国学生: 我带[3]你去吧。
Zhōngguó xuésheng: Wǒ dài nǐ qù ba.

마샤 : 실례지만, 우체국이 어디인지 알려 주시겠어요?
중국 학생 : 앞으로 직진하세요.
마샤 : 먼가요?
중국 학생 : 아주 멀지는 않아요. 식당 옆이에요.
마샤 : 식당은 어디에 있나요?
중국 학생 : 제가 그곳으로 데려다 드릴게요.

Tip

1. 여기서 在는 사람이나 사물의 위치를 나타내는 동사입니다. 예) 我的铅笔在桌子上。(Wǒ de qiānbǐ zài zhuōzi shang. 내 연필은 책상 위에 있습니다.)

2. 여기서 就는 긍정적인 어투를 나타냅니다.

3. 여기서 带는 '안내하다' 를 의미합니다.

◎ **根据对话一，选择合适的句子跟同伴对话。** 대화문 1에서 적절한 문장을 골라 파트너와 이야기해 보세요.

질문	답변
	就在前边。 Jiù zài qiánbian.
远吗？ Yuǎn ma?	
食堂在哪儿？ Shítáng zài nǎr?	

◎ **看着图片听录音，然后和同伴商量录音和图片的内容有什么不同。** 그림을 보고 녹음을 들어 보세요. 그리고 들은 것과 그림과의 차이점에 대해 파트너와 이야기해 보세요. 05-04

◎ **朗读对话二，注意发音和语气。** 대화문 2를 발음과 성조에 주의하여 큰 소리로 읽어 보세요.

• Dialogue 2

娜拉： 小姐，请问去医院怎么走？
Nàlā： Xiǎojiě, qǐngwèn qù yīyuàn zěnme zǒu?

小姐： 从这儿一直往前走。
Xiǎojiě： Cóng zhèr yìzhí wǎng qián zǒu.

娜拉： 远不远？
Nàlā： Yuǎn bu yuǎn?

小姐： 不远。银行的旁边就是。
Xiǎojiě： Bù yuǎn. yínháng de pángbiān jiùshì.

娜拉： 在银行左边还是[1]右边？
Nàlā： Zài yínháng zuǒbian háishi yòubian?

小姐： 右边。
Xiǎojiě： Yòubian.

나라 : 언니, 병원에 가는 길 좀 알려 주시겠어요?
젊은 여인 : 여기서부터 앞으로 쭉 가시면 됩니다.
나라 : 먼가요?
젊은 여인 : 아니오, 은행 옆에 있습니다.
나라 : 은행의 왼쪽에 있나요? 오른쪽에 있나요?
젊은 여인 : 오른쪽입니다.

Tip

1. 둘 중 하나를 선택하도록 하는 선택 의문문입니다.

◎ **根据对话二，判断下列说法是否正确。** 대화문 2를 토대로 다음 물음에 답하세요.

① 去医院怎么走？
Qù yīyuàn zěnme zǒu?

② 医院远不远？
Yīyuàn yuǎn bu yuǎn?

③ 医院在银行的左边还是右边？
Yīyuàn zài yínháng de zuǒbian háishi yòubian?

三

◎ **听录音，判断正误。** 녹음을 듣고 다음 문장이 사실인지 거짓인지 확인해 보세요. 🎧 05-05

① 娜拉、欧文要 (원하다) 去银行。 ☐
Nàlā hé Ōuwén yào qù yínháng.

② 学校附近没有书店。 ☐
Xuéxiào fùjìn méiyǒu shū diàn.

③ 书店很远。 ☐
Shū diàn hěn yuǎn.

④ 从学校一直往前走就是书店。 ☐
Cóng xuéxiào yìzhí wǎng qián zǒu jiùshì shū diàn.

⑤ 从学校到书店100米。 ☐
Cóng xuéxiào dào shū diàn yìbǎi mǐ.

◎ **朗读对话三，注意发音和语气。** 대화문 3을 발음과 성조에 주의하여 큰 소리로 읽어 보세요.

Dialogue 3

欧文： 山本，学校附近有书店吗?
Ōuwén： Shānběn, xuéxiào fùjìn yǒu shū diàn ma?

山本： 有。
Shānběn： Yǒu.

娜拉： 怎么[1]走?
Nàlā： Zěnme zǒu?

山本： 从学校一直往前走。
Shānběn： Cóng xuéxiào yìzhí wǎng qián zǒu.

娜拉： 然后呢?
Nàlā： Ránhòu ne?

山本： 走100米，再往左拐。
Shānběn： Zǒu yì bǎi mǐ, zài wǎng zuǒ guǎi.

欧文： 远吗?
Ōuwén： Yuǎn ma?

山本： 不远。
Shānběn： Bù yuǎn.

어빙 : 야마모토, 학교 근처에 서점이 있니?
야마모토 : 응.
나라 : 어떻게 가야 하지?
야마모토 : 학교에서부터 앞으로 쭉 가면 돼.
나라 : 그 다음에는?
야마모토 : 100미터를 올라가서 좌회전하면 돼.
어빙 : 멀어?
야마모토 : 아니.

Tip

1. 동사 앞에 오는 怎么는 '～하는 방법'을 의미합니다. 예)
怎么买 (zěnme mǎi 구입하는 방법), 怎么去 (zěnme qù 가는 방법), 怎么看 (zěnme kàn 보는 방법).

◎ **根据对话三填空，然后试着说说对话内容。** 대화문 3을 토대로 빈칸을 채우고, 대화 내용을 다시 말해 보세요.

欧文、娜拉要 (원하다) 去________，山本告诉 (말하다) 他们________有书店。娜拉
Ōuwén, Nàlā yào qù__________, Shānběn gàosu tāmen________ yǒu shū diàn. Nàlā

不知道 (알다) ________，山本告诉 (말하다) 他们________，然后________。这个书
bù zhīdào, __________, Shānběn gàosu tāmen__________, ránhòu________. Zhège shū

店________。
diàn__________.

四

◎ **听录音，回答问题。** 녹음을 듣고, 다음 물음에 답하세요.  05-06

① 王军家住在哪儿?
Wáng Jūn jiā zhù zài nǎr?

② 王军家离学校远吗?
Wáng Jūn jiā lí xuéxiào yuǎn ma?

③ 王军从家到学校多长时间？
Wáng Jūn cóng jiā dào xuéxiào duō cháng shí jiān?

④ 从王军家到学校怎么走？
Cóng Wáng Jūn jiā dào xuéxiào zěnme zǒu?

◎ **朗读对话三，注意发音和语气。** 대화문 4를 발음과 성조에 주의하여 큰 소리로 읽어 보세요.

• Dialogue 4

欧文: 王军，你家离学校远吗？
Ōuwén: Wáng Jūn, nǐ jiā lí xuéxiào yuǎn ma?

王军: 不远，从我家到[1]学校
Wáng Jūn: Bù yuǎn, cóng wǒ jiā dào xuéxiào

十五分钟。
shí wǔ fēnzhōng.

山本: 怎么走？
Shānběn: Zěnme zǒu?

王军: 出学校大门往右拐。
Wáng Jūn: Chū xuéxiào dàmén wǎng yòu guǎi.

娜拉: 一直走吗？
Nàlā: Yì zhí zǒu ma?

王军: 对。
Wáng Jūn: Duì.

어빙 : 왕 준, 너희 집에서 학교까지 멀어?
왕준 : 멀지 않아. 집에서 학교까지 걸어서 15분이야.
야마모토 : 어떻게 가는데?
왕준 : 교문을 나와서 우회전 하면 돼.
나라 : (그리고) 똑바로 가면 돼?
왕준 : 응.

Tip

1. 从……到……는 시간 또는 거리의 시작부터 끝까지를 나타냅니다. 예) 从昨天到今天 (cóng zuótiān dào jīntiān 어제부터 오늘까지).

◎ **画线连接。** 선을 그어 연결해 보세요.

① 王军，你家离学校远吗？
Wáng Jūn, nǐ jiā lí xuéxiào yuǎn ma?

Ⓐ 对。
Duì.

② 怎么走？
Zěnme zǒu?

Ⓑ 出学校大门往右拐。
Chū xuéxiào dàmén wǎng yòu guǎi.

③ 一直走吗？
Yìzhí zǒu ma?

Ⓒ 不远，从我家到学校十五分钟。
Bù yuǎn, cóng wǒ jiā dào xuéxiào shí wǔ fēnzhōng.

活 动 Activities

一 看图学词语 그림을 보고 단어 익히기

1. **画线将小词库中的词语与相应的图片连接起来，然后朗读词语。** 단어를 일치하는 그림과 연결하고, 이 단어를 큰 소리로 읽어 보세요.

> **● Word bank**
>
> | 东（边） | 南（边） | 西（边） | 北（边） | 上（边） | 下（边） | 中间 | 对面 | 旁边 |
> |---|---|---|---|---|---|---|---|---|
> | dōng(bian) | nán(bian) | xī(bian) | běi(bian) | shàng(bian) | xià(bian) | zhōngjiān | duìmiàn | pángbiān |
> | 동쪽 | 남쪽 | 서쪽 | 북쪽 | 위에 | 아래에 | 사이에 | 맞은편에 | ～옆에 |

二 双人活动 짝 활동

利用活动一的图片进行对话练习。 활동 1에 있는 그림을 가지고 대화를 만들어 보세요.

> **Pattern**
>
> ……的家在哪儿?　　　　　……的家在……的……边
> ... de jiā zài nǎr?　　　　...de jiā zài ... de ... biān

三 小组活动 그룹 활동

3人一组。今天是周末，你们要去李红家，还要去书店、银行、超市，最后去吃饭。商量一下怎么走。 3명으로 그룹을 지어 활동합니다. 오늘은 주말이고, 당신은 서점, 은행, 슈퍼마켓 그리고 마지막으로 식당뿐만 아니라 리 홍의 집에도 갈 예정입니다. 경로를 설정하는 방법을 이야기해 보세요.

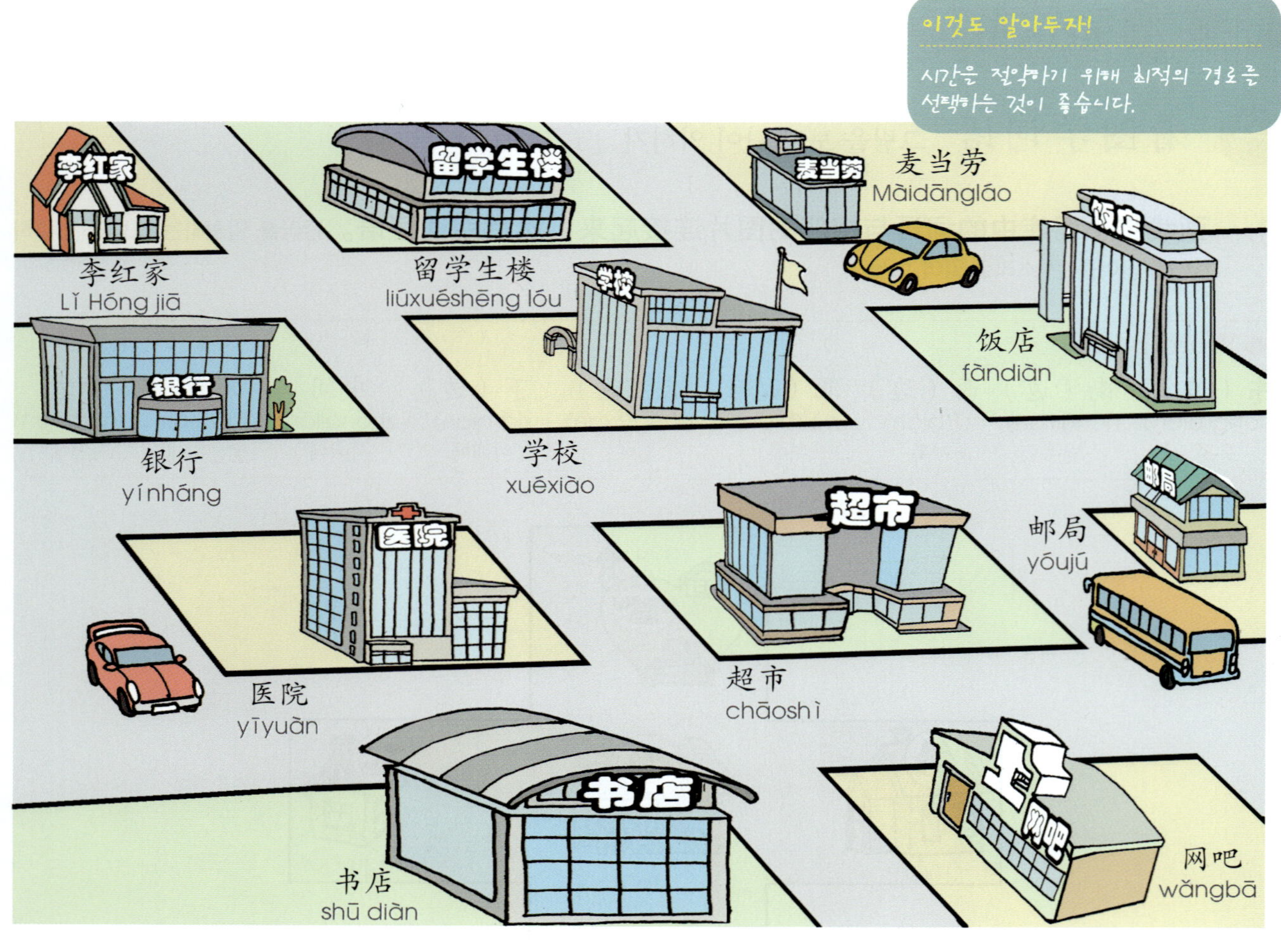

Pattern

先……然后……
xiān ... ránhòu ...

从……一直往前走
cóng ... yìzhí wǎng qián zǒu

第……个路口往……拐
...dì ... ge lùkǒu wǎng ... guǎi
~교차로에서 돌아

⊙ Word bank

第	路口
dì	lùkǒu
서수의 접두사	교차로

四 双人活动 짝 활동

每个学生会从老师那里得到一张小卡片，上面写着校园内的某个地点。向校园内的人问路并亲自到达那个地方。학생들은 각각 교사로부터 캠퍼스 내 어떤 장소가 적힌 메모지를 받습니다. 그 곳에 가는 방법을 캠퍼스 안의 다른 학생들에게 물어보고 스스로 찾아가 보세요.

五 双人活动 활동

两人一组，分别为主人和机器人。主人向机器人发出指令，让机器人去拿放在教室不同位置上的东西。机器人拿完东西要说出自己是怎么走的。두 명이 짝을 짓습니다. 한 명은 주인이고 다른 한 명은 로봇입니다. 주인은 교실의 여러 장소에 있는 물건을 가져오도록 로봇에게 지시를 합니다. 그것을 찾은 후에, 로봇은 그 경로를 말해야 합니다.

Pattern

从……一直往前走	往……拐
cóng ... yìzhí wǎng qián zǒu	wǎng ... guǎi

语言练习　Language Focus

一 语音和语调 발음과 성조

1. 辨音练习。발음

u-ü	ai-uai	ia-ian	uan-üe	ang-ong	yi-zhi
fu-qu	dai-guai	jia-bian	yuan-xue	pang-cong	li-shi

2. 声调练习。성조

jiù　dài　qù　zǒu　wǎng　dà　mén　guǎi　mǐ

3. 朗读下列词语。음 단어를 큰 소리로 읽어 보세요.

① 前重后轻。 앞부분 강세

前（边）	左（边）	怎么	还是	右（边）	后（边）
qián (bian)	zuǒ (bian)	zěnme	háishi	yòu (bian)	hòu (bian)

② 前中后重。 뒷부분 강세

邮局	旁边	然后	分钟	食堂	医院	一直	书店	学校
yóujú	pángbiān	ránhòu	fēnzhōng	shítáng	yīyuàn	yìzhí	shūdiàn	xuéxiào

4. **用正确的语调朗读下面的句子，注意语气和重音。** 성조와 강세에 주의하여 정확한 억양으로 큰 소리로 다음 문장들을 읽어 보세요

① 请问，邮局在哪儿？
Qǐngwèn, yóujú zài nǎr?

② 邮局在食堂的旁边。
Yóujú zài shítáng de pángbiān.

③ 从这儿一直往前走。
Cóng zhèr yìzhí wǎng qián zǒu.

④ 学校附近有书店吗？
Xuéxiào fùjìn yǒu shū diàn ma?

⑤ 从我家到学校十五分钟。
Cóng wǒ jiā dào xuéxiào shíwǔ fēnzhōng.

⑥ 出学校大门往右拐。
Chū xuéxiào dàmén wǎng yòu guǎi.

二 替换练习 대체 연습

① 请问，邮局在哪儿？
Qǐngwèn, yóujú zài nǎr?

食堂
shítáng

银行
yínháng

书店
shū diàn

③ 从我家到 学校十五分钟。
Cóng wǒ jiā dào xuéxiào shíwǔ fēnzhōng.

银行　　超市 (슈퍼마켓)
yínháng　chāoshì

邮局　　书店
yóujú　shū diàn

食堂　　医院
shítáng　yīyuàn

② 邮局 在　　食堂的　　旁边。
Yóujú zài　shítáng de　pángbiān.

银行　　医院　　前边
yínháng　yīyuàn　qiánbian

学校　　书店　　左边
xuéxiào　shū diàn　zuǒbian

山本　　欧文　　右边
Shānběn　Ōuwén　yòubian

三 用指定的词语完成对话 주어진 단어를 사용하여 대화문 완성하기

① A: 医院在哪儿？
Yīyuàn zài nǎr?

B: ___________。（就在）
(jiù zài)

② A: 学校离超市 (슈퍼마켓) 远吗？
Xuéxiào lí chāoshì yuǎn ma?

B: ___________。（从……到）
(cóng … dào)

③ A: 从邮局到医院怎么走？
Cóng yóujú dào yīyuàn zěnme zǒu?

B: ___________。（从……一直往……）
(cóng … yìzhí wǎng …)

④ A: 从留学生楼到食堂怎么走？
Cóng liúxuéshēng lóu dào shítáng zěnme zǒu?

B: ___________。（往……拐）
(wǎng … guǎi)

我们在下站换车 (Wǒmen zài xià zhàn huàn chē)
우리는 다음 정류장에서 갈아탈 거에요.

目标 Objectives

1. 复习表示方句的常用词语。 방향에 대한 상용 어휘 단어 복습하기
2. 学习打车时的常用语。 택시를 타는 상용 표현 익히기
3. 学习乘坐公共气车时的常用语。 버스를 탈 때의 상용 표현 익히기
4. 会给问路者指明方向。 버스를 갈아타는 방법을 묻고 말하는 표현 익히기

准备 Preparation

1. 回答问题。注意方位词语"上、下、左、右、前、后、旁边"的使用。 물음에 답하세요. 위치를 나타내는 단어 사용에 주의하세요.

> **给教师的提示**
>
> 您需要准备几样东西，如：矿泉水、书等，课前分别放在不同的地方，上课时问学生"×××在哪儿？"，让学生去找。

2. 利用下面的表格简单准备后，询问3个同学。问两个不同地方的位置和从教室到那儿应该怎么走。 다음과 같은 표 양식을 준비하세요. 서로 다른 두 장소와 교실에서 그 곳에 가는 방법에 대해 세 명의 학생에게 물어 보세요.

> **이것도 알아두자!**
>
> 필기를 하고, 파트너와 같이 그것들을 비교해 보세요.

장소	위치	가는 방법
食堂 shítáng		
留学生楼 liúxuéshēng lóu		
邮局 yóujú		
超市 (슈퍼마켓) chāoshì		

> **Pattern**
>
> ……在哪儿？　……怎么走？
> … zài nǎr?　… zěnme zǒu?

词 语　Words and Expressions

◎　朗读下列词语，注意发音和词语的意思。 다음 단어를 발음과 의미에 주의하여 큰 소리로 읽어 보세요.

1 司机 sījī 운전자	2 饭店 fàndiàn 레스토랑	3 停 tíng 멈추다	4 门口 ménkǒu 문	5 票 piào 표	6 大使馆 dàshǐguǎn 대사관
7 坐 zuò 취하다, 앉다	8 路 lù 길	9 车 chē 차량	10 和 hé 그리고	11 都 dōu 모두	12 上 shàng 타다
13 公交卡 gōngjiāo kǎ 대중 교통 카드					
14 真 zhēn 정말	15 方便 fāngbiàn 편리한	16 图书馆 túshūguǎn 도서관	17 售票员 shòupiàoyuán 안내원	18 得 děi ~해야 한다	19 换 huàn 갈아 타다
20 站 zhàn 역	21 地铁 dìtiě 지하철	22 能 néng ~할 수 있다	23 机场 jīchǎng 공항	24 可以 kěyǐ ~해도 되다	
25 线 xiàn 선, 라인	26 专有名词 고유명사　中国饭店 Zhōngguó Fàndiàn 중국 호텔				

◎　选择合适的词语进行搭配。 아래 단어와 어울리는 알맞은 단어를 고르세요.

坐 zuò ☐　　☐ 方便 fāngbiàn　　换 huàn ☐

句 子　Sentences

◎　朗读句子。 다음 문장을 큰 소리로 읽어 보세요.

① 我去中国饭店，远吗？
Wǒ qù Zhōngguó Fàndiàn, yuǎn ma?
난 중국 호텔에 갈 것입니다. 먼가요?

② 中国饭店到了吗？
Zhōngguó Fàndiàn dào le ma?
중국 호텔에 도착했습니까?

③ 请您停在门口。
Qǐng nín tíng zài ménkǒu.
정문에 세워 주세요.

④ 去大使馆坐几路车？
Qù dàshǐguǎn zuò jǐ lù chē?
우리가 대사관에 가려면 어떤 버스를 타야 합니까?

⑤ 车票多少钱一张？
Chē piào duōshao qián yì zhāng?
표는 얼마입니까?

⑥ 这路车到图书馆吗？
Zhè lù chē dào túshūguǎn ma?
이 버스는 도서관에 갑니까?

⑦ 我们在哪儿换车？
Wǒmen zài nǎr huàn chē?
우리는 어디에서 갈아타야 합니까?

⑧ 再坐两站。
Zài zuò liǎng zhàn.
두 정류장을 더 가신 후에.

⑨ 然后换几路？
Ránhòu huàn jǐ lù?
우리는 어느 버스로 갈아타야 합니까?

⑩ 还有几站？
Hái yǒu jǐ zhàn?
정류장이 얼마나 남았습니까?

给教师的提示

您可以采用各种方式来操练句子，同时纠正学生的发音。

◎ **听录音，填词语。** 녹음을 잘 듣고 빈칸을 채워 보세요. 🎧 06-01

① 请问，我们在哪儿＿＿＿＿车？
Qǐngwèn, wǒmen zài nǎr ＿＿＿＿ chē?

② 这路车到＿＿＿＿吗？
Zhè lù chē dào ＿＿＿＿ ma?

③ 再＿＿＿＿两站。
Zài ＿＿＿＿ liǎng zhàn.

④ 我去中国＿＿＿＿。
Wǒ qù Zhōngguó ＿＿＿＿.

⑤ 请您停在＿＿＿＿。
Qǐng nín tíng zài ＿＿＿＿.

⑥ 车＿＿＿＿多少钱一张？
Chē ＿＿＿＿ duōshao qián yì zhāng?

⑦ 然后换几＿＿＿＿？
Ránhòu huàn jǐ ＿＿＿＿?

⑧ 去＿＿＿＿坐几路车？
Qù ＿＿＿＿ zuò jǐ lù chē?

情 景 Situations

一

◎ **先读一遍句子，然后听录音，并按照你听到的顺序给句子标上序号。** 다음 문장을 읽고 녹음을 들으며 해당 문장에 번호를 쓰세요. 🎧 06-02

☐ 请您停在门口。
Qǐng nín tíng zài ménkǒu.

☐ 一共35块，给您票。
Yígòng sānshíwǔ kuài, gěi nín piào.

☐ 您好，您去哪儿？
Nín hǎo, nín qù nǎr?

☐ 我去中国饭店，远吗？
Wǒ qù Zhōngguó Fàndiàn, yuǎn ma?

☐ 中国饭店到了吗？
Zhōngguó Fàndiàn dào le ma?

☐ 前边就是。
Qiánbian jiù shì.

◎ **朗读对话一，注意发音和语气。** 대화문 1을 발음과 성조에 주의하여 큰 소리로 읽어 보세요.

Dialogue 1

司机: 您好，您去哪儿?
Sījī: Nín hǎo, nín qù nǎr?

玛莎: 我去中国饭店，远吗?
Mǎshā: Wǒ qù Zhōngguó Fàndiàn, yuǎn ma?

司机: 不太远。
Sījī: Bú tài yuǎn.

（15分钟后）
(shíwǔ fēnzhōng hōu)

玛莎: 中国饭店到了吗?
Mǎshā: Zhōngguó Fàndiàn dào le ma?

司机: 前边就是。
Sījī: Qiánbian jiù shì.

玛莎: 请您停在门口。
Mǎshā: Qǐng nín tíng zài ménkǒu.

司机: 好。
Sījī: Hǎo.

玛莎: 多少钱?
Mǎshā: Duōshao qián?

司机: 一共35块，给您票。
Sījī: Yígòng sānshíwǔ kuài, gěi nín piào.

운전사 : 안녕하세요, 어디로 가십니까?
마샤 : 저는 중국 호텔로 갈 겁니다. 먼가요?
운전사 : 아주 멀지는 않습니다.
（15분 후）
마샤 : 우리가 중국 호텔에 도착했나요?
운전사 : 바로 저 앞이에요.
마샤 : 입구에 세워 주세요.
운전사 : 네. 여기 영수증 있습니다.
마샤 : 얼마인가요?
운전사 : 총 35위안입니다.

◎ **根据对话一，选择合适的句子跟同伴对话。** 대화문 1에서 알맞은 문장을 골라 파트너와 이야기해 보세요.

질문	답변
您好，您去哪儿? Nín hǎo, nín qù nǎr?	
	不太远。 Bú tài yuǎn.
	前边就是。 Qiánbian jiù shì.

二

◎ 看图片，和同伴商量他们可能在说什么。그림을 보고 그들이 무엇에 대해 이야기하고 있는지 파트너와 이야기해 보세요.

◎ 朗读对话二，注意发音和语气。대화문 2를 발음과 성조에 주의하여 큰 소리로 읽어 보세요.

• Dialogue 2

娜拉：去大使馆坐几路车？
Nàlā: Qù dàshǐguǎn zuò jǐ lù chē?

王军：坐113路和128路都行。
Wáng Jūn: Zuò yāo'yāosān lù hé yāo'èrbā lù dōu xíng.

娜拉：128路车来[1]了。
Nàlā: Yāo'èrbā lù chē lái le.

王军：我们上车吧[2]。
Wáng Jūn: Wǒmen shàng chē ba.

娜拉：车票多少钱一张？
Nàlā: Chē piào duōshao qián yì zhāng?

王军：一块。
Wáng Jūn: Yí kuài.

娜拉：我有零钱，两块。
Nàlā: Wǒ yǒu língqián, liǎng kuài.

王军：谢谢，我有公交卡。
Wáng Jūn: Xièxie, wǒ yǒu gōngjiāo kǎ.

娜拉：公交卡真方便。
Nàlā: Gōngjiāo kǎ zhēn fāngbiàn.

나라 : 대사관에 가려면 어떤 버스를 타야 되니?
왕준 : 113번이나 128번을 타야 돼.
나라 : 128번 버스가 온다.
왕준 : 버스에 타자.
나라 : 표는 얼마니?
왕준 : 1위안이야.
나라 : 난 잔돈 2위안이 있어.
왕준 : 고마워, 난 대중 교통 카드가 있어.
나라 : 정말 편리하다.

Tip

1. 来는 다른 장소에서 말하는 사람이 있는 곳으로 오는 것을 나타내는 동사입니다.

2. 여기서 吧는 문장 끝에 써서 정중하고 부드럽게 요청하는 의미로 쓰입니다. 예) 我们走吧。(Wǒmen zǒu ba. 가시죠.)

◎ **根据对话二回答问题。** 대화문 2를 토대로 다음 물음에 답하세요.

① 去大使馆坐几路车？
Qù dàshǐguǎn zuò jǐ lù chē?

③ 娜拉和王军上了几路车？
Nàlā hé Wáng Jūn shàng le jǐ lù chē?

② 车票多少钱一张？
Chē piào duōshao qián yì zhāng?

④ 王军用(필요하다)买票吗？为什么(왜)?
Wáng Jūn yòng mǎi piào ma? wèi shénme?

◎ **看着图片听两遍录音，然后和同伴根据图片内容对话。** 그림을 보고 녹음을 두 번 들어 보세요. 그리고 그림 상황에 맞게 파트너와 대화해 보세요. 06-03

◎ **朗读对话三，注意发音和语气。** 대화문 3을 발음과 성조에 주의하여 큰 소리로 읽어 보세요.

• Dialogue 3

山本： 请问，这路车到图书馆吗？
Shānběn： Qǐngwèn, zhè lù chē dào túshūguǎn ma?

售票员： 得[1]换车。
Shòupiàoyuán： Děi huàn chē.

山本： 欧文，我们上吧？
Shānběn： Ōuwén, wǒmen shàng ba?

欧文： 好的。
Ōuwén： Hǎo de.

山本： 买两张票。
Shānběn： Mǎi liǎng zhāng piào.

售票员： 两块。
Shòupiàoyuán： Liǎng kuài.

欧文： 请问，我们在哪儿换车？
Ōuwén： Qǐngwèn, wǒmen zài nǎr huàn chē?

售票员： 再坐两站。
Shòupiàoyuán： Zài zuò liǎng zhàn.

山本： 然后换几路？
Shānběn： Ránhòu huàn jǐ lù?

售票员： 换57路。
Shòupiàoyuán： Huàn wǔshíqī lù.

> 야마토： 실례지만, 이 버스가 도서관에 가나요?
> 안내원： 갈아타야 합니다.
> 야마토： 어빙, 우리 탈까?
> 어빙： 그래.
> 야마토： 표 두 장 주세요.
> 안내원： 2위안입니다.
> 어빙： 우리가 어디서 갈아타야 하는지 말씀해 주시겠어요?
> 안내원： 두 정류장 후에 갈아 타세요.
> 야마토： 몇 번으로 갈아타야 하나요?
> 안내원： 57번 버스입니다.

Tip

1. 得은 "děi"로 발음되고, 의미는 "～해야 한다" 입니다.

◎ **根据对话三填空，然后试着说说对话内容。** 대화문 3을 토대로 빈칸을 채우고, 다시 말해 보세요.

山本和欧文去________，他们问(ask)售票员________。那路车不到图书馆，

Shānběn hé Ōuwén qù________, tāmen wèn shòupiàoyuán________. Nà lù chē bú dào túshūguǎn,

售票员告诉(tell)他们得________。他们买了________，一张一块钱。……

shòupiàoyuán gàosu tāmen děi________. Tāmen mǎi le________, yì zhāng yí kuài qián.……

◎ **根据对话三判断下列说法是否正确。** 대화문 3을 토대로 다음 설명이 사실인지 거짓인지 확인해 보세요.

① 这路车不到图书馆。　□
Zhè lù chē bú dào túshūguǎn.

② 欧文和山本得换车。　□
Ōuwén hé Shānběn děi huàn chē.

③ 一张票两块钱。　□
Yì zhāng piào liǎng kuài qián.

④ 欧文和山本再坐三站换车。　□
Ōuwén hé Shānběn zài zuò sān zhàn huàn chē.

⑤ 他们要换7路车。　□
Tāmen yào huàn qī lù chē.

四

◎ **听录音，回答问题。** 녹음을 듣고, 다음 물음에 답하세요. 🔊 06-04

① 玛莎在哪儿？
Mǎshā zài nǎr?

② 玛莎要(원하다)干什么(무엇을 하길)？
Mǎshā yào gàn shénme?

③ 玛莎要(원하다)去哪儿？
Mǎshā yào qù nǎr?

④ 还有几站？
Hái yǒu jǐ zhàn?

⑤ 坐地铁能到机场吗？
Zuò dìtiě néng dào jīchǎng ma?

◎ **朗读对话三，注意发音和语气。** 대화문 4를 발음과 성조에 주의하여 큰 소리로 읽어 보세요.

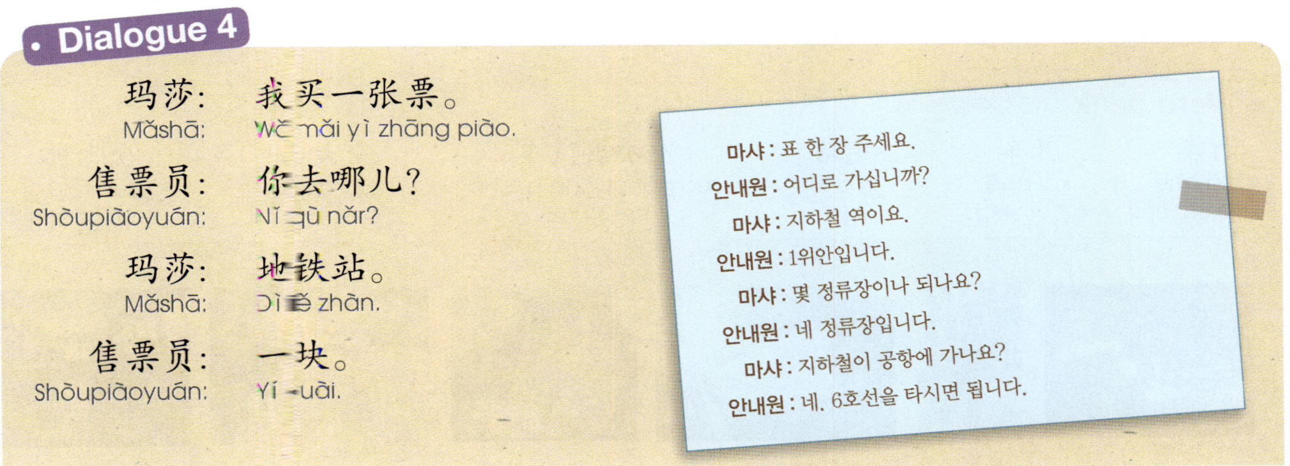

· Dialogue 4

玛莎：　我买一张票。
Mǎshā:　Wǒ mǎi yì zhāng piào.

售票员：　你去哪儿？
Shòupiàoyuán:　Nǐ qù nǎr?

玛莎：　地铁站。
Mǎshā:　Dìtiě zhàn.

售票员：　一块。
Shòupiàoyuán:　Yí kuài.

玛莎： 还有几站？
Mǎshā： Hái yǒu jǐ zhàn?

售票员： 四站。
Shòupiàoyuán： Sì zhàn.

玛莎： 地铁能[1]到机场吗？
Mǎshā： Dìtiě néng dào jīchǎng ma?

售票员： 可以，坐6号线。
Shòupiàoyuán： Kěyǐ, zuò liù hào xiàn.

Tip

1. 여기서 能는 객관적인 조건이 있거나 객관적인 조건이 어떤 결론을 허용하는 것을 나타냅니다. 대답은 能 또는 可以이 될 수 있습니다.

◎ **画线连接。** 선을 그어 연결해 보세요.

① 你去哪儿？
Nǐ qù nǎr?

② 还有几站？
Hái yǒu jǐ zhàn?

③ 地铁能到机场吗？
Dìtiě néng dào jīchǎng ma?

Ⓐ 四站。
Sì zhàn.

Ⓑ 可以，坐6号线。
Kěyǐ, zuò liù hào xiàn.

Ⓒ 地铁站。
Dìtiě zhàn.

活 动 Activities

一 看图学词语 그림을 보고 단어를 익혀 보세요.

1. **画线将小词库中的词语与相应的图片连接起来，然后朗读词语。** 단어 은행의 단어와 일치하는 그림을 연결하고, 그 단어를 큰 소리로 읽어 보세요.

● Word bank

打车	开车	走路	坐公共汽车	坐大巴	坐飞机
dǎ chē	kāi chē	zǒu lù	zuò gōnggòng qìchē	zuò dàbā	zuò fēijī
택시를 타다	차를 운전하다	걷다	버스를 타다	셔틀 버스를 타다	비행기를 타다

二 全班活动 학급 활동

每人从老师事先准备的卡片中抽一张，由一个人开始向旁边的同学发问，旁边的同学回答后再向另一个同学发问。각 학생은 선생님이 준비한 카드 중 하나를 꺼냅니다. 한 학생이 다음 학생에게 질문을 하면서 시작합니다. 질문에 대답한 학생은 또 다른 학생에게 질문을 합니다.

Pattern

A: 你去哪儿? (전체 학생들)
nǐ qù nǎr?

B: 去邮局。(한 명)
qù yóujú.

A: 怎么去? (전체 학생들)
zěnme qù?

B: 走路去。(한 명)
zǒu lù qù.

> **给教师的提示**
>
> 您需要准备一些词语卡片，可以是学过的词语，也可以是城市内有名的景点，每人拿一张。

三 双人活动 짝 활동

看看图片，然后和同伴讨论一下他们要去哪儿，应该怎么去。다음 그림을 보고 그림 안에 있는 사람들이 어디로 가고, 어떻게 가야 하는지 파트너와 이야기해 보세요.

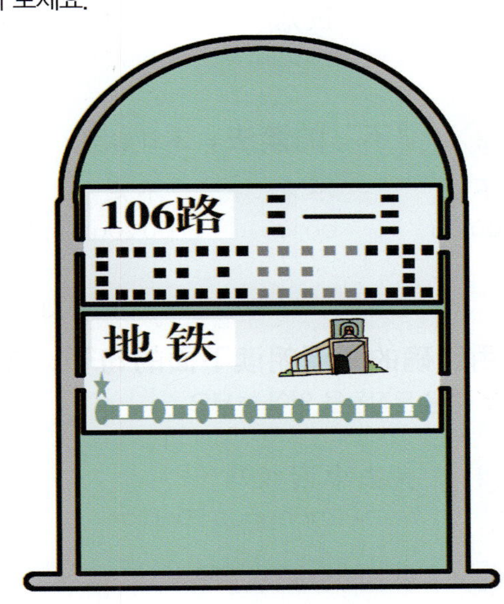

> ● **Word bank**
>
> 鸟巢 (새 둥지, 북경 국립 경기장)
> niǎo cháo

四 小组活动 그룹 활동

3人一组。两个外国客人同时和一个中国司机聊天。提的问题越多越好。准备一下，然后给大家表演打车的情景。3명이 그룹을 지어 수행합니다. 두 명의 외국인 손님들은 동시에 중국인 운전사에게 말합니다. 질문을 많이 할수록 더 좋습니다. 준비를 하여 택시를 타는 상황을 연기해 보세요.

> **이것도 알아두자!**
>
> 먼저 어디에 가고 싶은지, 운전사로부터 무엇을 알고 싶은지 생각해 보세요.

> **给教师的提示**
>
> 您可以帮助"中国司机"准备一下。

语言练习 Language Focus

一　语音和语调 발음과 성조

1. 辨音练习。발음 연습

u-uo　ing-eng　　ong-iong　　an-uan　　ian-iao
lu-zuo　ting-neng　　gong-yong　　fan-huan　　dian-piao

2. 声调练习。성조 연습

zuò　tíng　piào　lù　chē　zhàn　xiàn

3. 朗读下列词语。다음 단어를 큰 소리로 읽어 보세요.

① 前中后重。뒷부분 강세

司机	饭店	门口	这里	方便	地铁	机场	可以
sījī	fàndiàn	ménkǒu	zhèlǐ	fāngbiàn	dìtiě	jīchǎng	kěyǐ

② "不"的读法。不의 발음

不去	不来	不走	不坐	不停
bú qù	bù lái	bù zǒu	bú zuò	bù tíng

4. 用正确的语调朗读下面的句子，注意语气和重音。성조와 강세에 주의하여 정확한 억양으로 큰 소리
로 다음 문장들을 읽어 보세요.

① 我去中国饭店。
Wǒ qù Zhōngguó Fàndiàn.

② 中国饭店到了吗?
Zhōngguó Fàndiàn dào le ma?

③ 请您停在门口。
Qǐng nín tíng zài ménkǒu.

④ 去大使馆坐几路车?
Qù dàshǐguǎn zuò jǐ lù chē?

⑤ 车票多少钱一张
Chē piào duōshao qián yì zhāng?

⑥ 请问，这路车到图书馆吗?
Qǐngwèn, zhè lù chē dào túshūguǎn ma?

二　替换练习　대체 연습

① 请您停在门口。
Qǐng nín tíng zài ménkǒu.

路边 (길가)
lù biān

这里 (여기)
zhèlǐ

前边
qiánbian

② 请问，这趟车到图书馆吗?
Qǐngwèn, zhè ù chē dào túshūguǎn ma?

北京饭店
Zhōngguó Fàndiàn

地铁站
dìtiě zhàn

机场
jīchǎng

③ 换57路。
Huàn wǔshíqī lù.

21
èrshíyī

115
yāoyāowǔ

3
sān

三　用上所给的词语，用"能……吗"提问

能……吗을 사용하여 주어진 단어를 가지고 질문하기

① 我　去　你　家
wǒ　qù　nǐ　jiā

② 坐　公共汽车 (버스)　到　机场
zuò　gōnggòng qìchē　dào　jīchǎng

③ 山本　看 (보다)　电视 (텔레비전)
Shānběn　kàn　diànshì

④ 他　休息
tā　xiūxi

四　用"得"回答问题　得을 사용하여 물음에 대답하기

① A: 这路车到医院吗?
Zhè lù chē dào yīyuàn ma?

B: ＿＿＿＿＿＿＿。

② A: 八点上课，你几点吃早饭?
Bā diǎn shàng kè, nǐ jǐ diǎn chī zǎofàn?

B: ＿＿＿＿＿＿＿。

③ A: 从学校到机场走路 (walk) 去行吗?
Cóng xuéxiào dào jīchǎng zǒulù qù xíng ma?

B: ＿＿＿＿＿＿＿。

这里能换钱吗？ *(Zhèlǐ néng huàn qián ma?)*
여기서 돈을 환전할 수 있나요?

目标 Objectives

1. 复习人民币的表达法。 인민폐에 대한 표현 복습하기
2. 学习在邮局说明自己的目的。 우체국에서 원하는 것을 설명하는 표현 익히기
3. 学习在银行开户时的常用语。 은행에서 계좌를 개설할 때 사용하는 표현 익히기
4. 学习兑换人民币时询问和说明主要汇率。 돈을 환전할 때 환율을 묻고 설명하는 표현 익히기

准备 Preparation

1. 和同伴一起看看这些东西的价钱。你们觉得贵不贵？ 파트너와 함께 아래 상품들의 가격을 보세요. 그것들이 비싸다고 생각합니까?

| 15.50 | 680.00 | 1588.00 | 3600.00 | 18,000.00 |
| ① | ② | ③ | ④ | ⑤ |

2. 人们去邮局和银行一般做什么？ 사람들은 우체국이나 은행에 가서 주로 무엇을 합니까?

词语 Words and Expressions

◎ **朗读下列词语，注意发音和词语的意思。** 다음 단어를 발음과 의미에 주의하여 큰 소리로 읽어 보세요.

1 寄 jì (우편을)보내다	2 职员 zhíyuán 직원	3 哪里 nǎlǐ 어디	4 姐姐 jiějie 언니, 누나	5 先 xiān 먼저, 우선	6 填 tián 작성하다, 채우다	7 单子 dānzi 양식
8 这里 zhèlǐ 여기	9 写 xiě 쓰다	10 地址 dìzhǐ 주소	11 元 yuán 위안	12 存 cún 예금	13 第 dì 서수의 접두사	14 次 cì 횟수
15 万 wàn 만(10,000)	16 护照 hùzhào 여권	17 号码 hàomǎ 숫자	18 下边 xiàbian 밑에, 아래에	19 帮 bāng 돕다	20 千 qiān 천(1,000)	
21 美元 měiyuán 미국 달러	22 人民币 rénmínbì 인민폐	23 毛 máo 마오, 0.1 위안(=角)	24 零 líng 0	25 九 jiǔ 9	26 数 shǔ 세다	27 正好 zhènghǎo 정확한
专有名词 고유명사	28 泰国 Tàiguó 태국	29 上海 Shànghǎi 상하이				

◎ **选择合适的词语进行搭配。** 아래 단어와 어울리는 알맞은 단어를 고르세요.

寄 jì □　　　写 xiě □　　　□ 号码 hàomǎ

句子 Sentences

◎ **朗读句子。** 문장을 큰 소리로 읽어 보세요.

① 您好，我寄这个。
Nín hǎo, wǒ jì zhège.
안녕하세요, 나는 이것을 발송하고 싶어요.

② 请先填这张单子。
Qǐng xiān tián zhè zhāng dānzi.
먼저 이 양식을 작성해 주세요.

③ 这里写你姐姐的名字和地址。
Zhèlǐ xiě nǐ jiějie de míngzi hé dìzhǐ.
당신의 언니 이름과 주소를 여기에 쓰세요.

④ 是第一次存吗?
Shì dì yī cì cún ma?
예금이 처음이세요?

⑦ 我要寄钱。
Wǒ yào jì qián.
돈을 좀 보내고 싶습니다.

⑨ 请问，这里能换钱吗?
Qǐngwèn, zhèlǐ néng huàn qián ma?
실례지만, 여기서 환전 좀 할 수 있을까요?

⑤ 存多少?
Cún duōshao?
얼마나 예금하시겠습니까?

⑧ 您能帮我吗?
Nín néng bāng wǒ ma?
저 좀 도와주시겠어요?

⑩ 一美元换多少人民币?
Yì měiyuán huàn duōshao rénmínbì?
1달러는 인민폐로 얼마인가요?

⑥ 怎么填?
Zěnme tián?
어떻게 작성해야 하나요?

◎ **听录音，填词语。** 녹음을 듣고, 빈칸을 채워 보세요. 07-01

① 您好，我________这个。
Nín hǎo, wǒ________zhège.

② 请________填这张单子。
Qǐng________tián zhè zhāng dānzi.

③ ________多少?
________duōshao?

④ 您能________我吗?
Nín néng________wǒ ma?

⑤ 一美元换多少________?
Yì měiyuán huàn duōshao________?

⑥ 这里写你姐姐的名字和________。
Zhèlǐ xiě nǐ jiějie de míngzi hé________.

⑦ 是第一________存吗?
Shì dì yī________cún ma?

 **Situations**

一

◎ **看图片，和同伴商量她们可能在说什么。** 그림을 보고 그들이 무엇에 대해 이야기하고 있는지 파트너와 이야기해 보세요.

① ② ③ ④

◎ **朗读对话一，注意发音和语气。** 대화문 1을 발음과 성조에 주의하여 큰 소리로 읽어 보세요.

• Dialogue 1

娜拉: 您好，我寄这个。
Nàlā: Nín hǎo, wǒ jì zhège.

职员: 寄到哪里？
Zhíyuán: Jì dào nǎlǐ?

娜拉: 到泰国，寄给[1]我姐姐。
Nàlā: Dào Tàiguó, jì gěi wǒ jiějie.

职员: 请先填这张单子。
Zhíyuán: Qǐng xiān tián zhè zhāng dānzi.

娜拉: 这里写什么？
Nàlā: Zhèlǐ xiě shénme?

职员: 写你姐姐的名字和地址。
Zhíyuán: Xiě nǐ jiějie de míngzi hé dìzhǐ.

娜拉: 这里呢？
Nàlā: Zhèlǐ ne?

职员: 写你的名字和地址。
Zhíyuán: Xiě nǐ de míngzi hé dìzhǐ.

娜拉: 一共多少钱？
Nàlā: Yígòng duōshao qián?

职员: 一百三十元。
Zhíyuán: Yìbǎi sānshí yuán.

나라 : 안녕하세요, 저는 이것을 보내고 싶어요.
직원 : 어디로 가는 겁니까?
나라 : 태국에 있는 언니한테요.
직원 : 먼저 이 양식을 작성해 주세요.
나라 : 여기에 무엇을 써야 하나요?
직원 : 언니의 이름과 주소입니다.
나라 : 여기에는요?
직원 : 당신의 이름과 주소를 적어 주세요.
나라 : 얼마에요?
직원 : 130위안입니다.

Tip
1. 给은 동사의 목적어를 이끄는 전치사입니다.

◎ **根据对话一回答问题。** 대화문 1을 토대로 다음 물음에 답하세요.

① 娜拉在哪儿？
  Nàlā zài nǎr?

② 娜拉要(원하다)寄到哪儿，寄给谁(누구에게)?
  Nàlā yào jì dào nǎr, jì gěi shuí?

③ 娜拉要先干什么(무엇을 해야 하나)?
  Nàlā yào xiān gàn shénme?

④ 单子上要写什么？
  Dānzi shang yào xiě shénme?

⑤ 一共多少钱？
  Yígòng duōshao qián?

给教师的提示
您可以准备几张包裹单发给学生，两人一组进行模拟训练。

二

◎ **听录音，判断正误。** 녹음을 듣고, 다음 문장이 사실인지 거짓인지 확인해 보세요.  07-02

① 玛莎不是第一次存钱。 □
  Mǎshā bú shì dì yī cì cún qián.

② 玛莎要先填单子。 □
  Mǎshā yào xiān tián dānzi.

③ 玛莎存一千块钱。 ☐
Mǎshā cún yì qiān kuài qián.

④ 单子上填名字和房间号码。 ☐
Dānzi shang tián míngzi hé fángjiān hàomǎ.

◎ **朗读对话二，注意发音和语气。** 대화문 2를 발음과 성조에 주의하여 큰 소리로 읽어 보세요.

Dialogue 2

玛莎： 您好，我存钱。
Mǎshā： Nín hǎo, wǒ cún qián.

职员： 是第一次存吗？
Zhíyuán： Shì dì yī cì cún ma?

玛莎： 是。
Mǎshā： Shì.

职员： 存多少？
Zhíyuán： Cún duōshao?

玛莎： 存一万。
Mǎshā： Cún yíwàn.

职员： 请填好[1]这个。
Zhíyuán： Qǐng tián hǎo zhège.

玛莎： 怎么填？
Mǎshā： Zěnme tián?

职员： 在这里写你的名字。
Zhíyuán： Zài zhèlǐ xiě nǐ de míngzi.

玛莎： 护照号码呢？
Mǎshā： Hùzhào hàomǎ ne?

职员： 写在名字的下边。
Zhíyuán： Xiě zài míngzi de xiàbian.

마샤 : 안녕하세요, 저는 돈을 조금 예금하고 싶습니다.

직원 : 예금이 처음이신가요?

마샤 : 네.

직원 : 얼마나 예금하실 건가요?

마샤 : 10,000.

직원 : 이 양식을 작성해 주세요.

마샤 : 어떻게 작성해야 하나요?

직원 : 여기에 당신의 이름을 써 주세요.

마샤 : 여권 번호는요?

점원 : 당신 이름 밑에 써 주십시오.

Tip

1. 여기서 好는 동사 填의 결과를 부연 설명하기 위해 사용됩니다. 이를 결과 보어라고 부릅니다. 예) 吃完 (chī wán 먹는 것을 끝내다)

◎ **根据对话二，选择合适的句子跟同伴对话。** 대화문 2에서 알맞은 문장을 골라 파트너와 이야기해 보세요.

给教师的提示
您可以准备几张存款单发给学生，两人一组进行模拟训练。

질문	답변
	是。 Shì.
	存一万。 Cún yíwàn.
怎么填？ Zěnme tián?	

三

◎ **想一想，说一说。** 생각하고 말하기

① 如果你去寄钱，你想想应该怎么做？
당신이 송금하려 한다면 무엇을 해야 하는가?

② 如果你不会写，你怎么办？
당신이 중국어로 쓸 수 없다면 어떻게 해야 하는가?

◎ **朗读对话三，注意发音和语气。** 대화문 3을 발음과 성조에 주의하여 큰 소리로 읽어 보세요.

Dialogue 3

山本: Shānběn:	我要[1]寄钱。 Wǒ yào jì qián.	
职员: Zhíyuán:	请先填单子。 Qǐng xiān tián dānzi.	
山本: Shānběn:	您能帮我吗? Nín néng bāng wǒ ma?	
职员: Zhíyuán:	可以。寄到哪儿? Kěyǐ. Jì dào nǎr?	
山本: Shānběn:	上海。 Shànghǎi.	
职员: Zhíyuán:	寄多少钱? Jì duōshao qián?	
山本: Shānběn:	五千。这是名字和地址。 Wǔqiān. Zhè shì míngzi hé dìzhǐ.	

> 야마모토 : 저는 돈을 조금 보내고 싶습니다.
> 직원 : 먼저 이 양식을 작성해 주세요.
> 야마모토 : 좀 도와주시겠어요?
> 직원 : 물론이죠. 돈은 어디로 가는 건가요?
> 야마모토 : 상하이요.
> 직원 : 얼마인가요?
> 야마모토 : 5천입니다. 여기 이름과 주소가 있어요.

Tip

1. 여기서 要는 어떤 일을 하려는 의지를 나타내는 조동사입니다. 예) 我要上网。(Wǒ yào shàng wǎng. 나는 인터넷 검색을 원합니다.)

◎ **根据对话三填空，然后试着说说对话内容。** 대화문 3을 토대로 빈칸을 채우고, 대화 내용을 말해 보세요.

山本去邮局________，他要寄到________，寄________元。职员请他先________。
Shānběn qù yóujú________, tā yào jì dào________, jì________yuán. Zhíyuán qǐng tā xiān________.

山本请职员________，他给了职员________。
Shānběn qǐng zhíyuán________, tā gěi le zhíyuán________.

四

◎ **看着图片听两遍录音，然后和同伴商量他们可能在说什么。** 그림을 보고 녹음을 두 번 들어 보세요. 그리고 그들이 무엇에 대해 이야기하고 있는지 파트너와 이야기해 보세요. 🔊 07-03

◎ **朗读对话四，注意发音和语气。** 대화문 4를 발음과 성조에 주의하여 큰 소리로 읽어 보세요.

Dialogue 4

欧文: Ōuwén:	请问，这里能换钱吗？ Qǐngwèn, zhèlǐ néng huàn qián ma?
职员: Zhíyuán:	能。您换什么钱？ Néng. Nín huàn shénme qián?
欧文: Ōuwén:	美元。一美元换多少人民币？ Měiyuán. Yì měiyuán huàn duōshao rénmínbì?
职员: Zhíyuán:	六块八毛三。您换多少？ Liù kuài bā máo sān. Nín huàn duōshao?
欧文: Ōuwén:	三百美元。 Sān bǎi měiyuán.
职员: Zhíyuán:	这是两千零四十九元，您数一数[1]。 Zhè shì liǎngqiān líng sìshíjiǔ yuán, nín shǔ yi shǔ.
欧文: Ōuwén:	正好，谢谢。 Zhènghǎo, xièxie.

어빙 : 실례지만, 여기서 돈을 환전할 수 있을까요?
직원 : 네. 무슨 화폐를 환전하고 싶으세요?
어빙 : 미국 달러입니다. 1달러는 인민폐로 얼마죠?
직원 : 6.83위안입니다. 얼마를 환전하기를 원하십니까?
어빙 : 300달러입니다.
직원 : 여기 2,049위안입니다. 세어 보세요.
어빙 : 맞습니다, 감사합니다.

Tip

1. 중국어에서, 같은 동사가 반복해서 나오면 모두 단음절일 때 가운데에 一 를 넣어 말합니다.

◎ **根据对话四，选择合适的句子跟同伴对话。** 대화문 4에서 알맞은 문장을 골라 파트너와 이야기해 보세요.

질문	답변
	能。 Néng.
	美元。 Měiyuán.
	六块八毛三。 Liù kuài bā máo sān.
您换多少？ Nín huàn duōshao?	

◎ **根据对话四判断下列说法是否正确。** 대화문에 4를 토대로 다음 설명이 사실인지 거짓인지 확인해 보세요.

① 这里不能换钱。 ☐
　Zhèlǐ bù néng huàn qián.

② 欧文要换美元。 ☐
　Ōuwén yào huàn měiyuán.

③ 一元人民币换六块八毛三美元。 ☐
　Yì yuán rénmínbì huàn liù kuài bā máo sān měiyuán.

④ 三百美元换两千四百九十元人民币。 ☐
　Sānbǎi měiyuán huàn liǎngqiān sìbǎi jiǔshí yuán rénmínbì.

活动 Activities

一 看图学词语 그림을 보고 단어 익히기

1. **画线将小词库中的词语与相应的图片连接起来，然后朗读词语。** 단어 은행의 단어와 일치하는 그림을 연결하고, 큰 소리로 읽어 보세요.

> **● Word bank**
>
> | 明信片 | 邮票 | 信封 | 包裹 | 信用卡 | 存折 |
> |---|---|---|---|---|---|
> | míngxìnpiàn | yóupiào | xìnfēng | bāoguǒ | xìnyòng kǎ | cúnzhé |
> | 엽서 | 우표 | 편지봉투 | 소포 | 신용 카드 | 예금 통장 |

二 双人活动 짝 활동

大卫在中国旅行，他想送给家人和朋友特别的礼物，你觉得什么礼物很特别？ 邮局里有吗？ 为什么？ 데이비드는 중국을 여행하고 있습니다. 그는 가족과 친구들에게 줄 약간의 특별한 선물을 사기를 원합니다. 당신은 어떤 선물이 특별하다고 생각합니까? 당신은 우체국에서 그것들을 찾을 수 있습니까?

> **● Word bank**
>
> | 邮戳 | 特色 | 礼物 |
> |---|---|---|
> | yóuchuō | tèsè | lǐwù |
> | 우체국 소인 | 특색 | 선물 |

어떤 선물을 선택할 것입니까?	이유는 무엇입니까?	어떻게 해야 합니까?

三 小组活动　그룹 활동

4人一组，一人为实习生，三人为客户。实习生要帮助三位客户解决问题，并向领导（教师）汇报。客户根据实习生的服务情况给他们投票，决定是否录用。4명이 그룹을 지어 수행합니다. 한 학생은 인턴 사원이고 다른 세 명은 고객이 됩니다. 인턴 사원은 고객들의 문제를 해결하기 위해 그들을 도와야 하고 리더(여기서는 선생님)에게 업무를 보고합니다. 고객들은 인턴 사원의 서비스에 따라 고용할지의 여부를 결정하기 위한 투표를 합니다.

客户1：第一次存钱，2万元。
고객 1 : 처음에 20,000위안을 예금합니다.

客户2：给在广州（Guǎngzhōu）的朋友寄2000元。
고객 2 : 광저우에 있는 친구에게 2,000위안을 보냅니다.

客户3：取500元钱。
고객 3 : 500위안을 출금합니다.

给教师的提示

您可以将不同的任务写在小卡片上发给扮演客户的学生。还得准备一些笑脸和哭脸牌，投票的时候用。还要准备一些画好的各种单子给学生。

语言练习　Language Focus

一 语音和语调　발음과 성조

1. 辨音练习。발음 연습

ji-bi　　　zhe-zhi　　　qi-ci　　　zi-mi　　　shu-chu-ru
cun-yuan　　xie-xue　　　jie-jue　　　dui-dei

2. 声调练习。성조 연습

jì　tián　xiě　cún　cì　wàn　bāng　qiān　líng　jiǔ　shǔ

3. 朗读下列词语。다음 단어를 큰 소리로 읽어 보세요.

① 前中后重。앞부분 강세

这个　　姐姐　　单子
zhège　　jiějie　　dānzi

② 前中后重。뒷부분 강세

地址　　护照　　号码　　美元　　正好　　人民币
dìzhǐ　　hùzhào　　hàomǎ　　měiyuán　　zhènghǎo　　rénmíngbì

4. 用正确的语调朗读下面的句子，注意语气和重音。성조와 강세에 주의하여 정확한 억양으로 큰 소리로 다음 문장들을 읽어 보세요.

① 您好，我寄这个。
Nín hǎo, wǒ jì zhège.

② 请先填这张单子。
Qǐng xiān tián zhè zhāng dānzi.

③ 写你姐姐的名字和地址。
Xiě nǐ jiějie de míngzi hé dìzhǐ.

④ 您能帮我吗?
Nín néng bāng wǒ ma?

⑤ 是第一次存吗?
Shì dì yī cì cún ma?

二 替换练习 대체 연습

① 您好，我要这个。
Nín hǎo, wǒ jì zhège .

  换钱
  huàn qián

  买面包
  mǎi miànbāo

  存钱
  cún qián

② 请问，这里能换钱吗?
Qǐng wèn, zhèlǐ néng huàn qián mā?

  上网 (인터넷을 검색하다)
  shàng wǎng

  喝咖啡 (커피를 마시다)
  hē kāfēi

  吃饭
  chī fàn

③ 一美元换多少人民币?
Yì měiyuán huàn duōshao rénmínbì?

  美元   日元 (엔)
  měiyuán   rìyuán

  人民币   韩元 (한국 원)
  rénmínbì   hányuán

  英镑 (파운드)
  yīngbāng

④ 您换多少?
Nín huàn duō shao?

  寄
  jì

  买
  mǎi

  要
  yāo

三 用 "是……吗? " 提问 能……吗를 사용하여 질문해 보세요.

① 我坐地铁去。
Wǒ zuò dìtiě qù.

② 星期五是我妈妈的生日。
Xīngqīwǔ shì wǒ māma de shēngrì.

③ 她第一次去美国。
Tā dì yī cì qù Měiguó.

我的MP4坏了 (Wǒ de MP4 huài le)
나의 MP4 플레이어가 고장났습니다.

目标　Objectives

1. 复习提出要求的常用语句。요청에 대한 상용 표현 복습하기
2. 学习求助时的常用语句。도움을 요청하는 상용 표현 익히기
3. 学习简单说明情况。간단하게 상황을 설명하는 표현 익히기
4. 学习表示感谢的常用语句。감사를 표시하는 상용 표현 익히기

准备　Preparation

1. 和同伴一起看看下面的图片。如果是你，你会说什么? 파트너와 함께 다음 그림을 보세요. 만약 당신이라면 뭐라고 말하겠습니까?

Pattern

……行吗?	我要……
… xíng ma?	Wǒ yào …
请……	您能……吗?
Qǐng …	Nín néng … ma?

① ② ③ ④

2. 朗读下面的句子。다음 문장을 큰 소리로 읽어 보세요.

① 太贵了，三块行吗?
Tài guì le, sān kuài xíng ma?

② 请您停在前边。
Qǐng nín tíng zài qiánbian.

③ 我要一张餐巾纸。
Wǒ yào yì zhāng cānjīnzhǐ.

④ 您能帮我吗?
Nín néng bāng wǒ ma?

⑤ 请给我一个勺子。
Qǐng gěi wǒ yí ge sháozi.

3. 利用上面的句子，向旁边的同学提出请求。위에 나와 있는 문장을 가지고 옆에 있는 학생에게 요청을 해 보세요.

词语　Words and Expressions

◎ 朗读下列词语，注意发音和词语的意思。다음 단어를 발음과 의미에 주의하여 큰 소리로 읽어 보세요.

1 事 shì 일, 문제	2 忘 wàng 잊다	3 钥匙 yàoshi 열쇠	4 开 kāi 열다	5 一下 yíxià 한 번	6 门 mén 문	7 床单 chuángdān (침대)시트
8 脏 zāng 더러운	9 客气 kèqi 예의 바른, 공손한	10 电话 diànhuà 전화기	11 坏 huài 고장난, 나쁜		12 空调 kōngtiáo 에어컨	
13 问题 wèntí 문제	14 时间 shíjiān 시간	15 修 xiū 고치다, 수리하다	16 知道 zhīdào 알다	17 跟 gēn ~을 가지고, 함께	18 一起 yìqǐ 함께	19 灯 dēng 램프
20 亮 liàng 밝은	21 看 kàn 보다	22 见 jiàn 보다	23 电脑 diànnǎo 컴퓨터		24 上网 shàng wǎng 인터넷을 검색하다	25 用 yòng 사용하다
26 多 duō 많은	27 长 cháng 긴	28 一会儿 yíhuìr 잠시	专有名词 고유명사	29 李平 Lǐ Píng 리핑		

◎ 选择合适的词语进行搭配。아래 단어와 어울리는 알맞은 단어를 고르세요.

带
dài

坏了
huài le

一起
yìqǐ

句子 Sentences

◎ **朗读句子。** 문장을 큰 소리로 읽어 보세요.

① 我忘了带钥匙，帮我开一下门，好吗？
Wǒ wàng le dài yàoshi, bāng wǒ kāi yíxià mén, hǎo ma?
난 열쇠 가져오는 것을 잊어버렸어요. 문 좀 열어 주시겠어요?

② 我的床单脏了，能换一下吗？
Wǒ de chuángdān zāng le, néng huàn yíxià ma?
나의 시트가 더러워요. 그것을 좀 교체해 주시겠어요?

③ 我房间的电话坏了。
Wǒ fángjiān de diànhuà huài le.
내 방 전화기가 작동하지 않습니다.

④ 我的空调也坏了。
Wǒ de kōngtiáo yě huài le.
나의 에어컨 또한 작동하지 않습니다.

⑤ 我的mp4坏了，在哪儿能修？
Wǒ de mp4 huài le, zài nǎr néng xiū?
내 MP4가 고장났어요. 어디에서 고칠 수 있나요?

⑥ 我的灯不亮了，你能帮
Wǒ de dēng bú liàng le, nǐ néng bāng
我看看吗？
wǒ kànkan ma?
나의 램프가 작동하지 않습니다. 고쳐 주시겠어요?

⑦ 你的电脑怎么了？
Nǐ de diànnǎo zěnme le?
당신의 컴퓨터에 무슨 문제가 있습니까?

⑧ 要用多长时间？
Yào yòng duō cháng shíjiān?
시간이 얼마나 걸릴까요?

◎ **听录音，填词语。** 녹음을 듣고, 빈칸을 채워 보세요. 🎧 08-01

① 我的床单______了，能换一下吗？
Wǒ de chuángdān＿＿ le, néng huàn yíxià ma?

② 你的______怎么了？
Nǐ de＿＿＿＿ zěnme le?

③ 我房间的电话______了。
Wǒ fángjiān de diànhuà＿＿＿＿ le.

④ 我的______也坏了。
Wǒ de＿＿＿＿ yě huài le.

⑤ 我的灯不亮了，你能帮我______吗？
Wǒ de dēng bú liàng le, nǐ néng bāng wǒ＿＿＿ ma?

⑥ 要______多长时间？
Yào＿＿＿＿ duō cháng shíjiān?

⑦ 我忘了带______，帮我开一下门，好吗？
Wǒ wàng le dài＿＿＿＿, bāng wǒ kāi yíxià mén, hǎo ma?

◎ **如果遇到下面的情况你怎么办？你会怎么说？** 당신이 다음과 같은 상황에 있다면, 무엇을 해야 합니까? 뭐라고 말하겠습니까?

① 忘了带钥匙
wàng le dài yàoshi

② 床单脏了
chuángdān zāng le

③ 灯不亮
dēng bú liàng

情景 Situations

一

◎ **看图片，和同伴商量她们可能在说什么。** 그림을 보고 그들이 무엇에 대해 이야기하고 있는지 파트너와 이야기해 보세요.

①   ②

◎ **朗读对话一，注意发音和语气。** 대화문 1을 발음과 성조에 주의하여 큰 소리로 읽어 보세요.

• Dialogue 1

娜拉： 您好。
Nàlā: Nín hǎo.

服务员： 您好，有事吗？
Fúwùyuán: Nín hǎo, yǒu shì ma?

娜拉： 我忘了带钥匙，帮我
Nàlā: Wǒ wàng le dài yàoshi, bāng wǒ

开一下门，好吗？
kāi yíxià mén, hǎo ma?

服务员： 好的。
Fúwùyuán: Hǎo de.

娜拉： 我的床单脏了，
Nàlā: Wǒ de chuángdān zāng le,

能换一下吗？
Néng huàn yíxià ma?

服务员： 可以。
Fúwùyuán: Kěyǐ.

나라 : 안녕하세요.

종업원 : 안녕하세요. 무슨 일이 있나요?

나라 : 제가 열쇠를 가져오는 것을 잊었어요. 문 좀 열어
　　　 주시겠어요?

종업원 : 네.

나라 : 시트가 더럽습니다. 그것을 교체해 주시겠어요?

종업원 : 네.

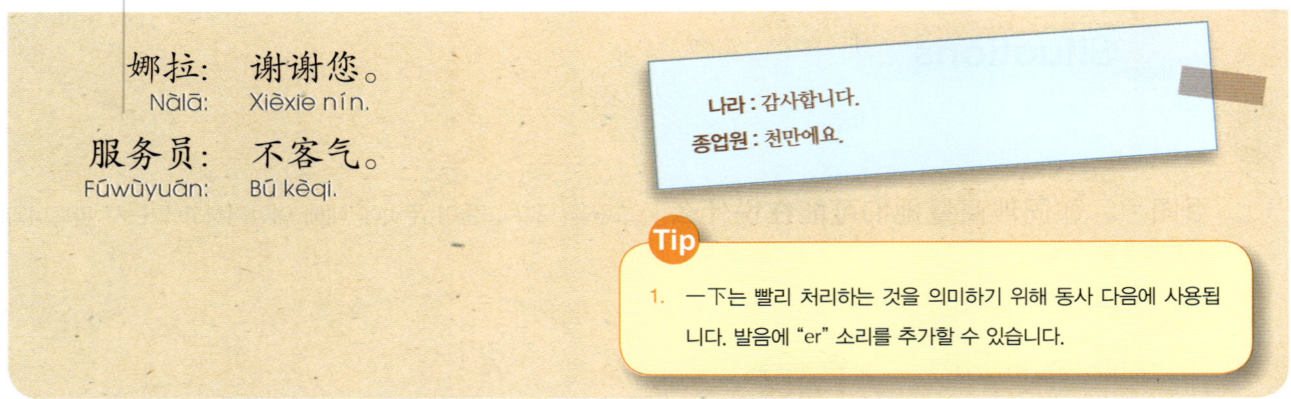

◎ **根据对话一，选择合适的句子跟同伴对话。** 대화문 1에서 알맞은 문장을 골라 파트너와 이야기해 보세요.

질문	답변
你好，有事吗? Nǐ hǎo, yǒu shì ma?	
	可以。 Kěyǐ.

二

◎ **先读一遍下面的句子，然后听录音，并按照你听到的顺序给句子标上序号。** 다음 문장을 읽고 녹음을 들으며 해당 문장에 번호를 쓰세요.  08-02

☐ 我房间的电话坏了。
Wǒ fángjiān de diànhuà huài le.

☐ 请问有事吗?
Qǐngwèn yǒu shì ma?

☐ 还有别的问题吗?
Hái yǒu bié de wèntí ma?

☐ 我的空调也坏了。
Wǒ de kōngtiáo yě huài le.

☐ 你住哪个房间。
Nǐ zhù nǎge fángjiān.

◎ **朗读对话二，注意发音和语气。** 대화문 2를 발음과 성조에 주의하여 큰 소리로 읽어 보세요.

• Dialogue 2

欧文： 你好。
Ōuwén: Nǐ hǎo.

服务员： 你好，请问有事吗?
Fúwùyuán: Nǐ hǎo. qǐngwèn yǒu shì ma?

欧文： 我房间的电话坏了。
Ōuwén: Wǒ fángjiān de diànhuà huài le.

服务员： 你住哪个房间?
Fúwùyuán: Nǐ zhù nǎge fángjiān?

欧文： 我住716，我的空调也坏了。
Ōuwén: Wǒ zhù qīyāoliù. wǒ de kōngtiáo yě huài le.

服务员： 还有别的问题吗?
Fúwùyuán: Hái yǒu bié de wèntí ma?

欧文： 没有了，谢谢。
Ōuwén: Méiyǒu le, xièxie.

어빙 : 안녕하세요.
종업원 : 안녕하세요. 무엇을 도와 드릴까요?
어빙 : 제 방에 전화기가 작동하지 않습니다.
종업원 : 당신이 묵고 있는 방이 어느 방입니까?
어빙 : 716번 방에서 지내고 있습니다. 에어컨 역시 작동
하지 않습니다.
종업원 : 그 밖에 다른 것은요?
어빙 : 없습니다. 고맙습니다.

◎ **根据对话二判断下列说法是否正确。** 대화문 2를 토대로 다음 설명이 사실인지 거짓인지 확인해 보세요.

① 欧文住116。 ☐
Ōuwén zhù yāoyāoliù.

② 欧文的电话坏了。 ☐
Ōuwén de diànhuà huài le.

③ 欧文的空调没有坏。 ☐
Ōuwén de kōngtiáo méiyǒu huài.

④ 欧文的房间还有别的问题。 ☐
Ōuwén de fángjiān hái yǒu bié de wèntí.

 三

◎ **看着图片听两遍录音，然后和同伴商量录音和图片的内容有什么不同。** 그림을 보고 녹음을 두
번 들어 보세요. 그리고 들은 것과 그림과의 차이점에 대해 파트너와 이야기해 보세요. 08-03

◎ **朗读对话三，注意发音和语气。** 대화문 3을 발음과 성조에 주의하여 큰 소리로 읽어 보세요.

· Dialogue 3

娜拉： 王军，你晚上有时间吗？
Nàlā: Wáng Jūn, nǐ wǎnshang yǒu shíjiān ma?

王军： 有。
Wáng Jūn: Yǒu.

娜拉： 我的mp4坏了，在哪儿能修？
Nàlā: Wǒ de mp4 huài le, zài nǎr néng xiū?

王军： 我知道，晚上我跟你一起去。
Wáng Jūn: Wǒ zhīdào, wǎnshang wǒ gēn nǐ yìqǐ qù.

娜拉： 我的灯不亮了，你能帮我看看[1]吗？
Nàlā: Wǒ de dēng bú liàng le, nǐ néng bāng wǒ kànkan ma?

王军： 可以。
Wáng Jūn: Kěyǐ.

娜拉： 晚上见。
Nàlā: Wǎnshang jiàn.

王军： 晚上见。
Wáng Jūn: Wǎnshang jiàn.

나라 : 왕준, 오늘 저녁에 시간 있니?
왕준 : 응.
나라 : 내 MP4가 고장났어. 어디에서 고칠 수 있을까?
왕준 : 알았어. 오늘 저녁에 그곳에 너를 데려다 줄게.
나라 : 내 램프도 작동하지 않아. 너는 그것을 고칠 수 있니?
왕준 : 응.
나라 : 오늘 저녁에 보자.
왕준 : 그 때 보자.

Tip

1. 看看은 동사 看이 중첩된 형태로 두 번째 看은 짧고 가볍게 발음해야 합니다(경성). 동사의 중첩된 형태는 주로 어떤 동작이나 행동이 짧은 시간 또는 몇 번 계속되는 것을 나타냅니다. 이는 단어의 어투를 완화하는 것으로서, 말하는 사람의 주관적인 바람을 완곡하게 표현하는 것입니다.

◎ **根据对话三回答问题。** 대화문 3을 토대로 다음 물음에 답하세요.

① 王军晚上有时间吗？
Wáng Jūn wǎnshang yǒu shíjiān ma?

③ 王军知道在哪儿能修mp4吗？
Wáng Jūn zhīdào zài nǎr néng xiū mp4 ma?

② 娜拉为什么(왜)给王军打电话？
Nàlā wèi shénme gěi Wáng Jūn dǎ diànhuà?

④ 娜拉还有什么坏了？王军能修吗？
Nàlā hái yǒu shénme huài le? Wáng Jūn néng xiū ma?

四

◎ **听录音，判断正误。** 녹음을 듣고, 다음 문장이 사실인지 거짓인지 확인해 보세요. 🎧 08-04

① 李平是王军的日本朋友。 ☐
Lǐ Píng shì Wáng Jūn de Rìběn péngyou.

② 王军的电脑坏了。 ☐
Wáng Jūn de diànnǎo huài le.

③ 李平不会修电脑。 □　　⑤ 修电脑要用很长时间。 □
Lǐ Píng bú huì xiū diànnǎo.　　Xiū diànnǎo yào yòng hěn cháng shíjiān.

④ 山本的电脑不能上网。 □
Shānběn de diànnǎo bù néng shàng
wǎng.

◎ **朗读对话四，注意发音和语气。** 대화문 4를 발음과 성조에 주의하여 큰 소리로 읽어 보세요.

Dialogue 4

王军： 李平，这是我的日本朋友。
Wáng Jūn： Lǐ Píng, zhè shì wǒ de Rìběn péngyou.

山本： 你好，我叫山本一郎。
Shānběn： Nǐ hǎo, wǒ jiào Shānběn Yīláng.

王军： 他的电脑坏了。
Wáng Jūn： Tā de diànnǎo huài le.

李平： 你的电脑怎么了[1]？
Lǐ Píng： Nǐ de diànnǎo zěnme le?

山本： 不能上网。
Shānběn： Bù néng shàng wǎng.

李平： 我帮你看看。
Lǐ Píng： Wǒ bāng nǐ kànkan.

山本： 要[2]用多长时间？
Shānběn： Yào yòng duō cháng shíjiān?

李平： 一会儿[3]就好。
Lǐ Píng： Yíhuìr jiù hǎo.

왕준 : 리 핑, 이 쪽은 나의 일본인 친구야.
야마모토 : 안녕. 내 이름은 야마모토 이치로야.
왕준 : 그의 컴퓨터가 고장났어.
리핑 : 네 컴퓨터에 무슨 문제가 있는데?
야마모토 : 온라인에 접속이 안돼.
리핑 : 내가 한 번 볼게.
야마모토 : 시간이 얼마나 걸릴까?
리핑 : 잠깐이면 돼.

Tip

1. 怎么了는 상황을 물어보기 위해 사용됩니다. 예) 他怎么了?
   (Tā zěnme le? 그에게 무슨 문제가 있습니까?) 老师怎么了?
   (Lǎoshī zěnme le? 선생님께 무슨 문제가 있습니까?)

2. 要는 필요를 나타내는 조동사입니다.

3. 一会儿는 걸리는 시간이 매우 짧다는 것을 나타내기 위해 사용됩
   니다. 여기서 好는 '끝나다'를 의미합니다.

◎ **根据对话四填空，然后试着说说对话内容。** 대화문 4를 토대로 빈칸을 채우고, 대화 내용을 다시 말해
보세요.

山本是王军的＿＿＿＿。山本的＿＿＿＿坏了，不能＿＿＿＿。李平帮他＿＿＿＿，
Shānběn shì Wáng Jūn de　. Shānběn de　huài le, bù néng　. Lǐ Píng bāng tā　,

＿＿＿＿就好。
　jiù hǎo.

109

活动 Activities

一　看图学词语　그림을 보고 단어 익히기

1. 先朗读小词库中的词语，然后看看图片中的人遇到了什么问题。단어 은행의 단어들을 큰 소리로 읽은 후 그림을 보고, 그 사람이 어떤 어려움에 처해 있는지 알아 보세요.

○ **Word bank**

电视	马桶	洗衣机	台灯	电	漏水	关机	图像	堵
diànshì	mǎtǒng	xǐyījī	táidēng	diàn	lòu shuǐ	guān jī	túxiàng	dǔ
TV	화장실	세탁기	램프	전기	누수	전원이 꺼지다	영상, 화면	막힘

① ② ③ ④ ⑤

二　双人活动　짝 활동

一个开着车的人，看到路边有一个人蹲在自行车旁，于是下车询问，并帮助他解决问题。和同伴一起准备一下，然后给大家表演这个情景。도로에서 운전 중이던 사람이 자전거 옆에 쪼그려 앉은 다른 사람을 봅니다. 그래서 운전사는 차에서 내려 도움을 줍니다. 그 상황을 실행해 보세요.

○ **Word bank**

自行车	车带	气	骑
zìxíngchē	chē dài	qì	qí
자전거	자전거 타이어	공기	타다
推	修车铺	放	送
tuī	xiū chē pù	fàng	sòng
밀다	자전거 수리점	놓다	보내다

给教师的提示

您可以提醒学生注意其他组表演的故事，然后试着给大家讲一讲。

Pattern

怎么了？
Zěnme le?

你的……怎么了？
Nǐ de ... zěnme le?

你能修吗？
Nǐ néng xiū ma?

在哪儿能修？
Zài nǎr néng xiū?

你能帮我看看吗？
Nǐ néng bāng wǒ kànkan ma?

三　小组活动　그룹 활동

三人一组。一起商量一下，如果你们的朋友刚到中国，还不会说汉语，遇到下面的问题时，他/她应该怎么说。3명이 그룹을 지어 수행합니다. 중국어를 못하는 친구가 중국에 도착했다고 가정해 보세요. 친구가 다음 문제에 처했을 때 그 친구는 어떻게 말해야 하는지 파트너와 이야기해 보세요.

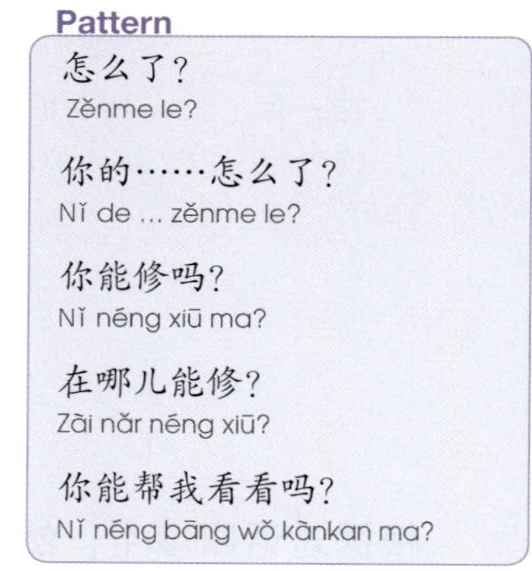

◉ Word bank

被罩	手机（电话）	打（电话）
bèizhào	shǒujī	dǎ
이불 커버	휴대폰	치다(전화하다)
接（电话）	声音	锁
jiē	shēngyīn	suǒ
연결하다(전화 받다)	목소리	끊다, 잠그다

- 他/她房间的被罩脏了。
  Tā / Tā fángjiān de bèizhào zāng le.
- 他/她刚买的手机坏了。
  Tā / Tā gāng mǎi de shǒujī huài le.
- 他/她房间的门锁坏了。
  Tā / Tā fángjiān de mén suǒ huài le.

语言练习 Language Focus

一 语音和语调 발음과 성조

1. 辨音练习。발음 연습

ian-ang	an-ian	ao-iao	ang-uang	ai-uai
dian-chang	kan-jian	zhao-tiao	chang-chuang	kai-huai

2. 声调练习。성조 연습

wǎng kāi zēng huài xiū gēn dēng liǎng jiàn

3. 朗读下列词语。다음 단어를 큰 소리로 읽어 보세요.

① 前中后重。앞부분 강세

钥匙	客气
yàoshi	kèqi

② 前中后重。뒷부분 강세

床单	时间	空调	问题	电脑	上网
chuángdān	shíjiān	kōngtiáo	wèntí	diànnǎo	shàng wǎng

4. 用正确的语调朗读下面的句子，注意语气和重音。성조와 강세에 주의하여 정확한 억양으로 큰 소리로 다음 문장들을 읽어 보세요.

① 我忘带钥匙了，帮我开一下门，好吗？
  Wǒ wàng dài yàoshi le, bāng wǒ kāi yíxià mén, hǎo ma?

② 我房间的电话坏了。
  Wǒ fángjiān de diànhuà huài le.

③ 我的mp4坏了，在哪儿能修？
  Wǒ de mp4 huài le, zài nǎr néng xiū?

④ 我的空调也坏了。
  Wǒ de kōngtiáo yě huài le.

⑤ 你的电脑怎么了？
  Nǐ de diànnǎo zěnme le?

⑥ 要用多长时间？
  Yào yòng duō cháng shíjiān?

二 替换练习 대체 연습

从小词库中选择词语替换画线部分，并说出完整的句子。 밑줄 친 단어를 대신할 수 있는 단어를 고르고 전체 문장을 말해 보세요.

● Word bank

修 / 换 / 看	马桶(화장실)	空调
xiū / huàn / kàn	mǎtǒng	kōngtiáo
电视(TV)	灯	洗衣机(세탁기)
diànshì	dēng	xǐyījī
自行车(자전거)	床单	坏 / 脏
zìxíngchē	chuángdān	huài / zāng

① 帮我开一下门，好吗?
Bāng wǒ kāi yíxià mén, hǎo ma?

② 我房间的电话坏了。
Wǒ fángjiān de diànhuà huài le.

③ 你的电脑怎么了?
Nǐ de diànnǎo zěnme le?

④ 我的灯不亮了。你能帮我修一下吗?
Wǒ de dēng bú liàng le. Nǐ néng bāng wǒ xiū yíxià ma?

三 用"一下"完成句子 一下를 사용하여 다음 문장을 완성하세요.

① 我的钥匙丢(잃다)了，请帮我＿＿＿＿＿＿。（开）
Wǒ de yàoshi diū le, qǐng bāng wǒ........................... .   (kāi)

② 我的床单脏了，请帮我＿＿＿＿＿＿。（换）
Wǒ de chuángdān zāng le, qǐng bāng wǒ........................... .   (huàn)

③ 我的手机坏了，请帮我＿＿＿＿＿＿。（修）
Wǒ de shǒujī huài le, qǐng bāng wǒ........................... .   (xiū)

④ 我们房间的灯坏了，请帮我们＿＿＿＿＿＿。（看）
Wǒmen fángjiān de dēng huài le, qǐng bāng wǒmen........................... .   (kàn)

四 连词成句 단어를 조합하여 문장을 만들어 보세요.

① 去超市(슈퍼마켓에 가다)　面包　我　买
qù chāoshì　　miànbāo　wǒ　mǎi

② 手机(휴대폰)　帮　修　请　我　一下
shǒujī　　bāng　xiū　qǐng　wǒ　yíxià

③ 去　换钱　他　银行
qù　huàn qián　tā　yínháng

第9课

你找哪位 (Nǐ zhǎo nǎ wèi?)
어떤 분을 바꿔 드릴까요?

目标 Objectives

① 复习询问姓名、住址等个人信息。 이름, 주소, 기타 개인 정보를 물어보는 표현 복습하기

② 学习打电话时的常用语。 전화를 걸 때의 상용 표현 익히기

③ 学会简单询问情况。 상황을 간단하게 물어보는 표현 익히기

准备 Preparation

1. 和同伴一起完成下面的表格。 파트너와 함께 다음 표를 채워 보세요.

질문	답변
	我叫欧文。 Wǒ jiào Ōuwén.
	我是美国人。 Wǒ shì Měiguórén.
	我住留学生楼。 Wǒ zhù liúxuéshēng lóu.
	他是我的朋友。 Tā shì wǒ de péngyou.
	我住308。 Wǒ zhù sānlíngbā.

2. 在你们国家，开始打电话的时候怎么说？接电话的时候先说什么？ 당신의 나라에서는 전화로 대화를 어떻게 시작합니까? 전화를 받았을 때 먼저 어떻게 말합니까?

词 语 **Words and Expressions**

◎ 朗读下列词语，注意发音和词语的意思。다음 단어를 발음과 의미에 주의하여 큰 소리로 읽어 보세요.

1 喂 wèi 안녕하세요.	**2** 宿舍 sùshè 기숙사	**3** 对 duì 맞다	**4** 位 wèi (양을 표시하는) 양사	**5** 打 dǎ 전화하다	**6** 错 cuò 잘못된	**7** 想 xiǎng 원하다
8 介绍 jièshǎo 소개하다	**9** 晚饭 wǎnfàn 저녁 식사	**10** 以后 yǐhòu 이후에	**11** 教室 jiàoshì 교실		**12** 她 tā 그녀는, 그녀를	**13** 回来 huílai 돌아오다
14 可能 kěnéng 아마도	**15** 告诉 gàosu 말하다	**16** 再见 zàijiàn 잘 가, 안녕히 가세요.	**17** 飞机 fēijī 비행기	**18** 票务员 piào wù yuán 매표소 직원	**19** 天 tiān 하루, 날	**20** 更 gèng 더욱더, 훨씬
21 便宜 piányi (가격이) 싼	**22** 那 nà 그 때	**23** 办公室 bàngōngshì 사무실		**24** 老师 lǎoshī 선생님	**25** 开会 kāi huì 회의를 열다	
26 签证 qiānzhèng 비자	**27** 快 kuài 급한, 빨리	**28** 期 qī 일정 기간	**29** 延长 yáncháng 연장하다	**30** 办 bàn 하다	**专有名词** 고유명사	**31** 李红 Lǐ Hóng 리 홍
32 金大成 Jīn Dàchéng 김 대성	**33** 张老师 Zhāng lǎoshī 장 선생님	**34** 李老师 Lǐ lǎoshī 리 선생님	**35** 广州 Guǎngzhōu 광저우			

◎ 选择合适的词语进行搭配。아래 단어와 어울리는 알맞은 단어를 고르세요.

告诉　gàosu □　　□ 错了　cuò le　　找　zhǎo □

句 子 Sentences

◎ **朗读句子。** 다음 문장을 큰 소리로 읽어 보세요.

① 请问是留学生宿舍吗？
Qǐngwèn shì liúxuéshēng sùshè ma?
여기가 외국인 학생 기숙사인가요？

② 你找哪位？
Nǐ zhǎo nǎ wèi?
어떤 분을 바꿔 드릴까요？

③ 你打错了，山本住一楼。
Nǐ dǎ cuò le, Shānběn zhù yī lóu.
당신은 전화를 잘못 걸었습니다. 야마모토는 1층
에 삽니다.

④ 你知道他的电话号码吗？
Nǐ zhīdào tā de diànhuà hàomǎ ma?
저에게 그 분 전화번호를 알려 주시겠어요？

⑤ 你找我有什么事？
Nǐ zhǎo wǒ yǒu shénme shì?
무슨 일이에요？

⑥ 请问娜拉在吗？
Qǐngwèn Nàlā zài ma?
나라와 통화할 수 있을까요？

⑦ 喂，是春香吧？我是欧文。
Wèi, shì Chūnxiāng ba? Wǒ shì Ōuwén.
여보세요, 춘향이니? 나 어빙이야.

⑧ 她回来我告诉她。
Tā huílai wǒ gàosu tā.
그녀가 돌아오면 그것에 대해서 말할게.

⑨ 还有更便宜的吗？
Hái yǒu gèng piányi de ma?
더 싼 물건이 있습니까？

⑩ 多长时间能办好？
Duō cháng shíjiān néng bàn hǎo?
그것을 갱신하는 데 시간이 얼마나 걸릴까요？

◎ **听录音，填词语。** 녹음을 듣고, 빈칸을 채워 보세요. 🎧09-01

① 你打______了，山本住一楼。
Nǐ dǎ______ le, Shānběn zhù yī lóu.

② 你找哪______？
Nǐ zhǎo nǎ______?

③ 请问娜拉______吗？
Qǐngwèn Nàlā______ ma?

④ 你______我有什么事？
Nǐ______ wǒ yǒu shénme shì?

⑤ 还有更______的吗？
Hái yǒu gèng______ de ma?

⑥ 她回来我______她。
Tā huílai wǒ______ tā.

> **给教师的提示**
> 您可以采用各种方式来操练句
> 子，同时纠正学生的发音。

115

情景 Situations

一

◎ **看图片，和同伴商量她们可能在说什么。** 그림을 보고 그들이 무엇에 대해 이야기하고 있는지 파트너와 이야기해 보세요.

◎ **朗读对话一，注意发音和语气。** 대화문 1을 발음과 성조에 주의하여 큰 소리로 읽어 보세요.

• Dialogue 1

李红：　喂[1]，你好，请问是留学生
Lǐ Hóng：　Wèi, nǐ hǎo, qǐngwèn shì liúxuéshēng

　　　　宿舍吗？
　　　　sùshè ma?

欧文：　对，你找哪位[2]？
Ōuwén：　Duì, nǐ zhǎo nǎ wèi?

李红：　我找山本。
Lǐ Hóng：　Wǒ zhǎo Shānběn.

欧文：　你打[3]错了，山本住一楼。
Ōuwén：　Nǐ dǎ cuò le, Shānběn zhù yī lóu.

李红：　你知道他的电话号码吗？
Lǐ Hóng：　Nǐ zhīdào tā de diànhuà hàomǎ ma?

欧文：　你是……？
Ōuwén：　Nǐ shì …?

李红：　我叫李红，是山本的朋友。
Lǐ Hóng：　Wǒ jiào Lǐ Hóng, shì Shānběn de péngyou.

欧文：　他的电话是89641226。
Ōuwén：　Tā de diànhuà shì bājiǔliùsìyāo'èr'èrliù.

리홍 : 여보세요, 외국인 학생 기숙사인가요?
어빙 : 네. 어떤 분을 바꿔 드릴까요?
리홍 : 저는 야마모토와 통화하고 싶습니다.
어빙 : 전화를 잘못 걸었습니다. 야마모토는 1층에 살고 있어요.
리홍 : 그의 전화 번호를 알려 주시겠습니까?
어빙 : 누구시죠?
리홍 : 저는 야마모토의 친구, 리 홍입니다.
어빙 : 그의 번호는 89641226입니다.

Tip

1. 喂는 전화를 걸거나 받을 때 처음에 하는 말입니다.

2. 여기서 找는 '찾다'라는 의미의 동사입니다. 哪位은 '어느 분'을 뜻합니다.

3. 여기서 打는 打电话(전화를 걸다)라는 의미입니다.

◎ **根据对话一，选择合适的句子跟同伴对话。** 대화문 1에서 알맞은 문장을 골라 파트너와 이야기해 보세요.

질문	답변
	对。 Duì.
	我找山本。 Wǒ zhǎo Shānběn.
	他的电话是89641226。 Tā de diànhuà shì bājiǔliùsìyāo'èr'èrliù.

二

◎ **听录音，判断正误。** 녹음을 듣고 다음 문장이 사실인지 거짓인지 확인해 보세요. 🗣 09-02

① 李红打电话找山本。 □
Lǐ Hóng dǎ diànhuà zhǎo Shānběn.

③ 李红想给山本介绍朋友。 □
Lǐ Hóng xiǎng gěi Shānběn jièshào péngyou.

② 山本不在房间。 □
Shānběn bú zài fángjiān.

④ 李红和山本下午见面(만나다)。 □
Lǐ Hóng hé Shānběn xiàwǔ jiàn miàn.

◎ **朗读对话二，注意发音和语气。** 대화문 2를 발음과 성조에 주의하여 큰 소리로 읽어 보세요.

Dialogue 2

金大成： 喂，你好。
Jīn Dàchéng： Wéi, nǐ hǎo.

李红： 你好，我找山本，他在[1]吗？
Lǐ Hóng： Nǐ hǎo, wǒ zhǎo Shānběn, tā zài ma?

金大成： 在。山本，你的电话。
Jīn Dàchéng： Zài. Shānběn, nǐ de diànhuà.

山本： 谢谢！喂，我是山本。
Shānběn： Xièxie! Wéi, wǒ shì Shānběn.

李红： 山本，我是李红。
Lǐ Hóng： Shānběn, wǒ shì Lǐ hóng.

山本： 你好，李红！你找我有什么事？
Shānběn： Nǐ hǎo, Lǐ Hóng! Nǐ zhǎo wǒ yǒu shénme shì?

李红： 我想给你介绍几个朋友。
Lǐ Hóng： Wǒ xiǎng gěi nǐ jièshào jǐ ge péngyou.

山本： 太好了。什么时候？
Shānběn： Tài hǎo le. shénme shíhou?

李红：　晚饭以后可以吗?
Lǐ Hóng:　Wǎnfàn yǐhòu kěyǐ ma?

山本：　可以。晚上见。
Shānběn:　Kěyǐ. wǎnshang jiàn.

> **Tip**
>
> 1. 여기서 在는 동사로 의미는 在房间입니다.

◎ **画线连接**。선을 그어 연결해 보세요.

① 我找山本，他在吗?
Wǒ zhǎo Shānběn, tā zài ma?

② 你找我有什么事?
Nǐ zhǎo wǒ yǒu shénme shì?

③ 晚饭以后可以吗?
Wǎnfàn yǐhòu kěyǐ ma?

Ⓐ 可以。
Kěyǐ.

Ⓑ 在。
Zài.

Ⓒ 我想给你介绍几个朋友。
Wǒ xiǎng gěi nǐ jièshào jǐ ge péngyou.

三

◎ **看着图片听两遍录音，然后和同伴根据图片内容对话**。그림을 보고 녹음을 두 번 들어 보세요. 그리고 그림에 대해 파트너와 대화해 보세요. 🔊 09-03

①

②

◎ **朗读对话三，注意发音和语气**。대화문 3을 발음과 성조에 주의하여 큰 소리로 읽어 보세요.

Dialogue 3

欧文：　喂，是春香吧[1]? 我是欧文。
Ōuwén:　Wèi, shì Chūnxiāng ba? Wǒ shì Ōuwén.

春香：　欧文，你好。
Chūnxiāng:　Ōuwén, nǐ hǎo.

欧文：　请问娜拉在吗?
Ōuwén:　Qǐngwèn Nàlā zài ma?

春香：　娜拉去教室了。
Chūnxiāng:　Nàlā qù jiàoshì le.

欧文： 她什么时候回来？
Ōuwén: Tā shénme shíhou huílai?

春香： 可能得10点。
Chūnxiāng: Kěnéng děi shí diǎn.

欧文： 我明天再找她吧。
Ōuwén: Wǒ míngtiān zài zhǎo tā ba.

春香： 好的，她回来我告诉她。
Chūnxiāng: Hǎo de, tā huílai wǒ gàosu tā.

欧文： 再见。
Ōuwén: Zàijiàn.

春香： 再见！
Chūnxiāng: Zàijiàn.

어빙 : 여보세요, 춘향이니? 나 어빙이야.
춘향 : 안녕, 어빙
어빙 : 나라와 통화할 수 있니?
춘향 : 나라는 교실에 갔어.
어빙 : 언제 돌아오니?
춘향 : 아마 10시 정도에.
어빙 : 그럼 내가 내일 나라에게 전화할게.
춘향 : 그래. 그녀가 돌아오면 그렇게 얘기해 줄게.
어빙 : 잘 있어.
춘향 : 안녕.

Tip

1. 단어 吧는 보통 화자가 어떤 사실이나 상황에 대해 알고 있지만 확실치는 않을 때 문장 끝에 사용하는 말입니다. 예) 您是张老师吧? (Nín shì Zhāng lǎoshī ba? 장 선생님이시죠?)

◎ **根据对话三回答问题。** 대화문 3을 토대로 다음 물음에 답하세요.

① 欧文打电话找谁 (누구, 누구를)?
Ōuwén dǎ diànhuà zhǎo shuí?

③ 娜拉什么时候回来？
Nàlā shénme shíhou huílai?

② 娜拉去哪儿了？
Nàlā qù nǎr le?

④ 欧文什么时候再找她？
Ōuwén shénme shíhou zài zhǎo tā?

四

◎ **先读一遍句子，然后听录音，并按照你听到的顺序给句子标上序号。** 다음 문장을 읽고 녹음을 들으며 해당 문장에 번호를 쓰세요. 🎧 09-04

□ 晚上的票便宜，850元。
Wǎnshang de piào piányi, bābǎi wǔshí yuán.

□ 广州。
Guǎngzhōu.

□ 那我要晚上的。
Nà wǒ yào wǎnshang de.

□ 1250元一张。
Yìqiān èrbǎi wǔshí yuán yì zhāng.

□ 12号的。
Shí'èr hào de.

□ 下午的。
Xiàwǔ de.

□ 您去哪儿？
Nín qù nǎr?

□ 还有更便宜的吗？
Hái yǒu gèng piányi de ma?

□ 您买哪天的？
Nín mǎi nǎ tiān de?

□ 您要什么时间的？
Nín yào shénme shíjiān de?

□ 喂，您好！我要买飞机票。
Wèi, nín hǎo! Wǒ yào mǎi fēijī piào.

◎ **朗读对话四，注意发音和语气。** 대화문 4를 발음과 성조에 주의하여 큰 소리로 읽어 보세요.

• Dialogue 4

金大成： Jīn Dàchéng:	喂，您好！我要买飞机票。 Wèi, nín hǎo! Wǒ yào mǎi fēijī piào.
票务员： Piào wù yuán:	您去哪儿？ Nín qù nǎr?
金大成： Jīn Dàchéng:	广州。 Guǎngzhōu.
票务员： Piào wù yuán:	您买哪天的[1]？ Nín mǎi nǎ tiān de?
金大成： Jīn Dàchéng:	12号的。 Shí'èr hào de.
票务员： Piào wù yuán:	您要什么时间的？ Nín yào shénme shíjiān de?
金大成： Jīn Dàchéng:	下午的。 Xiàwǔ de.
票务员： Piào wù yuán:	1250元一张。 Yìqiān èrbǎi wǔshí yuán yì zhāng.
金大成： Jīn Dàchéng:	还有更[2]便宜的吗？ Hái yǒu gèng piányi de ma?
票务员： Piào wù yuán:	晚上的票便宜，850元。 Wǎnshang de piào piányi, bābǎi wǔshí yuán.
金大成： Jīn Dàchéng:	那我要晚上的。 Nà wǒ yào wǎnshang de.

김대성 : 안녕하세요. 저는 비행기 표를 사고 싶습니다.

매표소 직원 : 목적지가 어디세요?

김대성 : 광저우입니다.

매표소 직원 : 날짜는 언제입니까?

김대성 : 12일입니다.

매표소 직원 : 비행기 시간은 언제가 좋으세요?

김대성 : 오후로 해 주세요.

매표소 직원 : 1,250위안입니다.

김대성 : 더 싼 것은 없나요?

매표소 직원 : 야간 비행기는 좀 더 싼 850위안입니다.

김대성 : 저는 그럼 야간 표로 살게요.

Tip

1. 哪天的는 的구문입니다. 의미는 哪天的票입니다. 중국어에서 的 구문은 반복을 피하기 위해 앞에 나온 정보나 서로 알고 있는 명백한 정보를 대신할 수 있습니다.

2. 更는 주로 동사나 형용사 앞에 오며 한층 더한 정도를 나타내기 위한 비교문에 사용됩니다.

◎ **根据对话四填空，然后试着说说对话内容。** 대화문 4를 토대로 빈칸을 채우고, 대화 내용을 다시 말해 보세요.

> 金大成要买________，他想去________。他想________号走，买________的
> Jīn Dàchéng yào mǎi____, tā xiǎng qù____. Tā xiǎng____hào zǒu, mǎi____de
> 票，一张________。他想买更________。票务员告诉他________，金大成买了一
> piào, yì zhāng____. Tā xiǎng mǎi gèng____. Piào wù yuán gàosu tā____, Jīn Dàchéng mǎi le yì
> 张________的票。________元。
> zhāng____de piào,____yuán.

五

◎ **听录音，回答问题。** 녹음을 듣고 다음 물음에 답하세요. 😊 09-05

① 张老师去哪儿了？
　Zhāng lǎoshī qù nǎr le?

③ 办好签证延期(연장하다)要多长时间？
　Bàn hǎo qiānzhèng yánqī yào duō cháng shíjiān?

② 山本有什么事？
　Shānběn yǒu shénme shì?

④ 山本什么时候去办公室？
　Shānběn shénme shíhou qù bàngōngshì?

◎ **朗读对话五，注意发音和语气。** 대화문 5를 발음과 성조에 주의하여 큰 소리로 읽어 보세요.

• Dialogue 5

李老师： 您好，留学生办公室。
Lǐ lǎoshī: Nín hǎo, liúxuéshēng bàngōngshì.

山本： 请问，张老师在吗？
Shānběn: Qǐngwèn, Zhāng lǎoshī zài ma?

李老师： 她不在，开会去[1]了。
Lǐ lǎoshī: Tā bú zài, kāi huì qù le.

山本： 您是李老师吧？我是山本。
Shānběn: Nín shì Lǐ lǎoshī ba? Wǒ shì Shānběn.

李老师： 山本，你好，有事吗？
Lǐ lǎoshī: Shānběn, nǐ hǎo, yǒu shì ma?

山本： 李老师，我的签证快到期了[2]。
Shānběn: Lǐ lǎoshī, wǒ de qiānzhèng kuài dào qī le.

李老师： 没问题，可以延长。
Lǐ lǎoshī: Méi wèntí, kěyǐ yáncháng.

山本： 多长时间[3]能办好？
Shānběn: Duō cháng shíjiān néng bàn hǎo?

李老师： 两个星期。
Lǐ lǎoshī: Liǎng ge xīngqī.

山本：　我明天上午去办公室行吗？
Shānběn:　Wǒ míngtiān shàngwǔ qù bàngōngshì xíng ma?

李老师：　可以。
Lǐ lǎoshī:　Kěyǐ.

Tip

1. 여기서 去는 방향을 나타내는 보어로 开会로의 방향을 추가 설명하고 있습니다.

2. 快……了는 어떤 일이 곧 발생할 것임을 설명할 때 사용합니다.

3. 多长时间는 얼마나 오래 걸리는지 묻는 것입니다. 多少时间이라고 쓰지 않습니다.

◎　**画线连接**。선을 그어 연결하세요.

① 请问，张老师在吗？
Qǐngwèn, Zhāng lǎoshī zài ma?

② 您是李老师吧？我是山本。
Nín shì Lǐ lǎoshī ba? Wǒ shì Shānběn.

③ 李老师，我的签证快到期了。
Lǐ lǎoshī, wǒ de qiānzhèng kuài dào qī le.

④ 多长时间能办好？
Duō cháng shíjiān néng bàn hǎo?

⑤ 我明天上午去办公室行吗？
Wǒ míngtiān shàngwǔ qù bàngōngshì xíng ma?

Ⓐ 没问题，可以延长。
Méi wèntí, kěyǐ yáncháng.

Ⓑ 两个星期。
Liǎng ge xīngqī.

Ⓒ 山本，你好，有事吗？
Shānběn, nǐ hǎo, yǒu shì ma?

Ⓓ 可以。
Kěyǐ.

Ⓔ 她不在，开会去了。
Tā bú zài, kāi huì qù le.

活动　Activities

一　全班活动　학급 활동

请用接力打电话的方式告诉同学们下午三点在办公室开会。 전화를 전달하는 방식으로 오후 3시에 사무실에서 미팅을 한다고 모든 친구들에게 알립니다.

给教师的提示

请您将学生的名字做成小卡片，每个人抽取一张。您先指定一个人开始打电话。然后由他给卡片上的人打电话。

二　小组活动　그룹 활동

四人一组。周末是欧文的生日，你打电话邀请他的三个朋友去饭店一起给他庆祝。按照要求准备一下，然后给大家表演。 4명이 그룹을 지어 수행합니다. 어빙은 이번 주말에 자신의 생일을 기념하려 합니다. 당신은 식당에서 그의 생일을 축하해 주기 위해 어빙의 친구 3명에게 초대 전화를 합니다. 필요한 사항을 준비한 다음, 다른 사람들 앞에서 실행해 보세요.

Pattern

请你告诉……
Qǐng nǐ gàosu ...

给教师的提示

您也可以让学生自己确定要找的人。

要求： 1. 打电话时至少有一个人不在，是他的同屋或家人接的。

2. 找到了其中的一人，请他转告其他两个人。

필요 사항 : 1. 최소한 그의 친구 한 명은 부재중이어야 합니다. 룸메이트 또는 가족이 대답합니다.

2. 세 명 중 한 명을 찾아서 다른 두 명에게 메시지를 전달하게 합니다.

三 全班活动 학급 활동

快放假了，你准备回国，要提前订机票。打电话询问几个公司，找到最便宜的票。방학이 다가오고 있습니다. 당신은 집으로 돌아갈 예정이기 때문에 미리 비행기 표를 예매해야 합니다. 비행기 표의 가격과 가장 싼 표를 알아보기 위해 몇 군데 회사에 전화해 보세요.

给教师的提示

您可以规定买放假前一周最便宜的票。这个活动要在课堂上由学生亲自打电话完成。

语言练习 Language Focus

一 语音和语调 발음과 성조

1. **辨音练习。** 발음 연습

z-c	uan-üan	ai-uai	an-ang
zuo-cuo	wan-yuan	kai-kuai	ban-bang

2. **声调练习。** 성조 연습

dǎ cuò gèng bàn huí shě

3. **朗读下列词语。** 다음 단어를 큰 소리로 읽어 보세요.

① **前中后重。** 앞부분 강세

告诉　　　　便宜
gàosu　　　 piányi

② **前中后重。** 뒷부분 강세

晚饭	以后	签证	延长	可能	介绍	教室
wǎnfàn	yǐhòu	qiānzhèng	yáncháng	kěnéng	jièshào	jiàoshì

4. 用正确的语调朗读下面的句子，注意语气和重音。 성조와 강세에 주의하여 정확한 억양으로 큰 소리로 다음 문장들을 읽어 보세요.

① 喂，你好，请问是留学生宿舍吗？
Wèi, nǐ hǎo, qǐngwèn shì liúxuéshēng sùshè ma?

② 你打错了，山本住一楼。
Nǐ dǎ cuò le, Shānběn zhù yī lóu.

③ 你知道他的电话号码吗？
Nǐ zhīdào tā de diànhuà hàomǎ ma?

④ 山本，你的电话。
Shānběn, nǐ de diànhuà.

⑤ 她回来我告诉她。
Tā huílai wǒ gàosu tā.

⑥ 还有更便宜的吗？
Hái yǒu gèng piányi de ma?

二 替换练习 대체 연습

① 喂，你好，请问是<u>留学生宿舍</u>吗？
Wèi, nǐ hǎo, qǐngwèn shì liúxuéshēng sùshè ma?

邮局
yóujú

李红家 (집)
Lǐ Hóng jiā

办公室
bàngōngshì

② 你好，我找<u>山本</u>，<u>他</u>在吗？
Nǐ hǎo, wǒ zhǎo Shānběn, tā zài ma?

娜拉　她
Nàlā　tā

王军　他
Wáng Jūn　tā

张老师　她
Zhāng lǎoshī　tā

③ 喂，您好！我要<u>买机票</u>。
Wèi, nín hǎo! Wǒ yào mǎi jī piào.

订房间 (방을 예약하다)
dìng fángjiān

买书
mǎi shū

找王军
zhǎo Wáng Jūn

三 用"名词/代词+的"回答问题 명사/대명사+的를 사용하여 다음 물음에 답하세요.

① A: 这是谁的(누구의)书？
Zhè shì shuí de shū?

B: _______________。

② A: 他要哪天的票？
Tā yào nǎ tiān de piào?

B: _______________。

③ A: 明天是谁的(누구의)生日？
Míngtiān shì shuí de shēngrì?

B: _______________。

④ A: 那是谁的(누구의)水？
Nà shì shuí de shuǐ?

B: _______________。

녹음스크립트

01-01

听录音，写出你听到的电话号码和房间号。

人	电话	房间
1	69538571	328
2	87432916	506
3	69538942	1407

01-02

看图片，听录音，并按录音内容在图上用数字标出先后顺序。

1、泰国　　　2、法国　　　3、美国
4、中国　　　5、韩国　　　6、日本

01-03

听录音，填词语。

1、你是哪国人？
2、我是美国人。
3、我叫欧文，这是我的中国朋友。
4、我是日本人，你呢？
5、你住哪个房间？
6、我的名字叫王军。
7、我也住留学生楼。
8、你叫什么名字？
9、我姓王，您贵姓？

01-04

看着图片听两遍录音，然后和同伴根据图片内容对话。

欧文：你好。
山本：你好。
欧文：你是哪国人？
山本：我是日本人，你呢？
欧文：我是美国人。
山本：你叫什么名字？
欧文：我叫欧文，你呢？
山本：我叫山本一郎。

01-05

看着图片听两遍录音，然后和同伴商量录音和图片的内容有什么不同。

山本：欧文，你好。
欧文：你好，山本，这是我的中国朋友。
山本：你好，我叫山本一郎，您贵姓？
王军：我姓王，叫王军。
山本：你住哪儿？
王军：我住5号楼。

01-06

听录音，回答问题。

山本：娜拉，这是我的朋友，他叫欧文。
娜拉：你好，我叫娜拉，你是美国人吗？
欧文：我是美国人。
娜拉：你住哪儿？
欧文：我住留学生楼。
娜拉：我也住留学生楼，你住哪个房间？
欧文：我住716。
娜拉：我住328。

02-01

听录音，画线连接。

1、现在几点？
2、七点半吃早饭。
3、八点上课。
4、星期六没有课。
5、今天8号。
6、你的生日几月几号？
7、明天星期几？

02-02

看着图片听两遍录音，然后和同伴商量录音和图片的内容有什么不同。

山本：明天你有课吗？
王军：明天星期六，我们没有课。
山本：明天不是星期六。
王军：明天星期几？
山本：明天星期五，16号。
王军：星期五上午我有课，下午没有课。

02-03

听录音，判断正误。

娜拉：你晚上几点睡觉?
山本：十二点。
娜拉：中午休息吗?
山本：不休息。你呢?
娜拉：我也不休息。
山本：下午你有课吗?
娜拉：星期二下午没有，星期三下午有。

03-01

听录音，并在房间的门上写出你听到的房间号。

1、王军住608。
2、王军的朋友住326。
3、欧文住716。
4、春香住915。
5、山本住430。
6、玛莎住1207。

03-02

听录音，填词语。

1、再买一瓶水。
2、还要别的吗?
3、有零钱吗?
4、那个多少钱?
5、太贵了，三块行吗?
6、你要多少?
7、我买一个面包。
8、那个多少钱?
9、您要什么?
10、有没有铅笔?

03-03

看着图片听两遍录音，然后和同伴根据图片内容对话。

售货员：您要什么?
欧　文：我要这个。
售货员：一块五。
欧　文：那个多少钱?
售货员：三块。
欧　文：我要两个。

03-04

听两遍录音，回答问题。

玛　莎：有没有铅笔?
售货员：有，一块五一支。
玛　莎：我要两支。

售货员：还要什么?
玛　莎：不要了，谢谢。
售货员：有零钱吗?
玛　莎：没有。

03-05

先读一遍下面的句子，然后听录音，并按照你听到的顺序给句子标上序号。

山本：苹果多少钱一斤?
摊主：三块五。
山本：太贵了，三块行吗?
摊主：行，你要多少?
山本：我要两斤苹果。香蕉呢?
摊主：两块五。
山本：我要一斤香蕉。
摊主：一共八块五。
山本：给你十块。
摊主：找你一块五。

04-01

听录音，填词语。

1、来一个红烧鱼。
2、请给我一个勺子。
3、喝点儿什么?
4、你们吃点儿什么?
5、这个菜请打包。
6、我要一张餐巾纸。
7、有什么主食?

04-02

看着图片听两遍录音，然后和同伴根据图片内容对话。

服务员：你们吃什么?
欧　文：来一个红烧鱼。
服务员：还要什么?
娜　拉：再要一个炒青菜。
服务员：吃什么主食?
欧　文：两碗米饭。
服务员：还要别的吗?
娜　拉：不要了，谢谢!

04-03

看着图片听两遍录音，然后和同伴商量他们可能在说什么?

服务员：你们吃点儿什么?

欧　文：一个红烧牛肉，一个炒青菜。
春　香：有什么主食？
服务员：米饭、面条儿、饺子。
春　香：我要一个鸡蛋炒饭。
欧　文：我要面条儿。
服务员：喝点儿什么？
欧　文：我要一瓶啤酒。
春　香：我喝茶。

04-04

听两遍录音，然后回答问题。
欧　文：服务员，有勺子吗？
服务员：有。
欧　文：请给我一个勺子。
服务员：给您。
欧　文：谢谢！再来一个酸辣汤。
服务员：好。
欧　文：春香，你的饭好吃吗？
春　香：很好吃。你的面条儿呢？
欧　文：也很好吃。
春　香：服务员，我要一张餐巾纸。

04-05

先读一遍句子，然后听录音，并按照你听到的顺序给句子标上序号。
山　本：服务员，结账。
王　军：多少钱？
服务员：一百四十二。
王　军：给你一百六。
服务员：有两块吗？
春　香：我有。
山　本：这个菜请打包。
服务员：还有哪个？
春　香：饺子也打包。

05-01

听录音，边听边画。画好后按图说位置。
1、邮局在银行的后边。
2、医院在银行的左边。
3、书店在邮局的右边。
4、学校在医院的前边。
5、食堂在学校的旁边。

05-02

听录音，填词语。
1、从这儿一直往前走。
2、请问，邮局在哪儿？
3、从我家到学校十五分钟。
4、请问去医院怎么走？
5、在银行的左边还是右边？
6、出学校大门往右拐。
7、学校附近有书店吗？

05-03

听录音，判断正误。
玛　　莎：请问，邮局在哪儿？
中国学生：就在前边。
玛　　莎：远吗？
中国学生：不远，在食堂的旁边。
玛　　莎：食堂在哪儿？
中国学生：我带你去吧。

05-04

看着图片听录音，然后和同伴商量录音和图片的内容有什么不同。
娜拉：小姐，请问去医院怎么走？
小姐：从这儿一直往前走。
娜拉：远不远？
小姐：不远。银行的旁边就是。
娜拉：在银行左边还是右边？
小姐：右边。

05-05

听录音，判断正误。
欧文：山本，学校附近有书店吗？
山本：有。
娜拉：怎么走？
山本：从学校一直往前走。
娜拉：然后呢？
山本：走100米，再往左拐。
欧文：远吗？
山本：不远。

05-06

听录音，回答问题。
欧文：王军，你家离学校远吗？
王军：不远，从我家到学校十五分钟。

山本：怎么走？
王军：出学校大门往右拐。
娜拉：一直走吗？
王军：对。

06-01

听录音，填词语。

1、请问，我们在哪儿换车？
2、这路车到图书馆吗？
3、再坐两站。
4、我去中国饭店。
5、请您停在门口。
6、车票多少钱一张？
7、然后换几路？
8、去大使馆坐几路车？

06-02

先读一遍句子，然后听录音，并按照你听到的顺序给句子标上序号。

司机：您好，您去哪儿？
玛莎：我去中国饭店，远吗？
司机：不太远。
（15分钟后）
玛莎：中国饭店到了吗？
司机：前边就是。
玛莎：请您停在门口。
司机：好。
玛莎：多少钱？
司机：一共35块，给您票。

06-03

看着图片听两遍录音，然后和同伴根据图片内容对话。

山　本：请问，这路车到图书馆吗？
售票员：得换车。
山　本：欧文，我们上吧？
欧　文：好的。
山　本：买两张票。
售票员：两块。
欧　文：请问，我们在哪儿换车？
售票员：再坐两站。
山　本：然后换几路？
售票员：换57路。

06-04

听录音，回答问题。

玛　莎：我买一张票。
售票员：你去哪儿？
玛　莎：地铁站。
售票员：一块。
玛　莎：还有几站？
售票员：四站。
玛　莎：地铁能到机场吗？
售票员：可以，坐6号线。

07-01

听录音，填词语。

1、您好，我寄这个。
2、请先填这张单子。
3、存多少？
4、您能帮我吗？
5、一美元换多少人民币？
6、这里写你姐姐的名字和地址。
7、是第一次存吗？

07-02

听录音，判断正误。

玛莎：您好，我存钱。
职员：是第一次存吗？
玛莎：是。
职员：存多少？
玛莎；存一万。
职员：请填好这个。
玛莎：怎么填？
职员：在这里写你的名字。
玛莎：护照号码呢？
职员：写在名字的下边。

07-03

看着图片听两遍录音，然后和同伴商量他们可能在说什么。

欧文：请问，这里能换钱吗？
职员：能。您换什么钱？
欧文：美元。一美元换多少人民币？
职员：六块八毛三。您换多少？
欧文：三百美元。
职员：这是两千零四十九元，您数一数。
欧文：正好，谢谢。

08-01

听录音，填词语。

1、我的床单脏了，能换一下吗？

2、你的电脑怎么了？

3、我房间的电话坏了。

4、我的空调也坏了。

5、我的灯不亮了，你能帮我看看吗？

6、要用多长时间？

7、我忘了带钥匙，帮我开一下门，好吗？

08-02

先读一遍下面的句子，然后听录音，并按照你听到的顺序给句子标上序号。

欧　文：你好。

服务员：你好，请问有事吗？

欧　文：我房间的电话坏了。

服务员：你住哪个房间？

欧　文：我住716，我的空调也坏了。

服务员：还有别的问题吗？

欧　文：没有了，谢谢。

08-03

看着图片听两遍录音，然后和同伴商量录音和图片的内容有什么不同。

娜拉：王军，你晚上有时间吗？

王军：有。

娜拉：我的mp4坏了，在哪儿能修？

王军：我知道，晚上我跟你一起去。

娜拉：我的灯不亮了，你能帮我看看吗？

王军：可以。

娜拉：晚上见。

王军：晚上见。

08-04

听录音，判断正误。

王军：李平，这是我的日本朋友。

山本：你好，我叫山本一郎。

王军：他的电脑坏了。

李平：你的电脑怎么了？

山本：不能上网。

李平：我帮你看看。

山本：要用多长时间？

李平：一会儿就好。

09-01

听录音，填词语。

1、你打错了，山本住一楼。

2、你找哪位？

3、请问娜拉在吗？

4、你找我有什么事？

5、还有更便宜的吗？

6、她回来我告诉她。

09-02

听录音，判断正误。

金大成：喂，你好。

李　红：你好，我找山本，他在吗？

金大成：在。山本，你的电话。

山　本：谢谢！喂，我是山本。

李　红：山本，我是李红。

山　本：你好，李红！你找我有什么事？

李　红：我想给你介绍几个朋友。

山　本：太好了。什么时候？

李　红：晚饭以后可以吗？

山　本：可以。晚上见。

09-03

看着图片听两遍录音，然后和同伴根据图片内容对话。

欧文：喂，是春香吧？我是欧文。

春香：欧文，你好。

欧文：请问娜拉在吗？

春香：娜拉去教室了。

欧文：她什么时候回来？

春香：可能得10点。

欧文：我明天再找她吧。

春香：好的，她回来我告诉她。

欧文：再见。

春香：再见！

09-04

先读一遍句子，然后听录音，并按照你听到的顺序给句子标上序号。

金大成：喂，您好！我要买飞机票。

票务员：您去哪儿？

金大成：广州。

票务员：您买哪天的？

金大成：12号的。

票务员：您要什么时间的？

金大成：下午的。
票务员：1250元一张。
金大成：还有更便宜的吗？
票务员：晚上的票便宜，850元。
金大成：那我要晚上的。

09-05

听录音，回答问题。

李老师：您好，留学生办公室。
山　本：请问，张老师在吗？
李老师：她不在，开会去了。
山　本：您是李老师吧？我是山本。
李老师：山本，你好，有事吗？
山　本：李老师，我的签证快到期了。
李老师：没问题，可以延长。
山　本：多长时间能办好？
李老师：两个星期。
山　本：我明天上午去办公室行吗？
李老师：可以。

모범답안

第1课　我叫欧文

准备

P18　2.③

人	电话	房间号
1	69538571	328
2	87432916	506
3	69538942	1407

3. (3) 美国　(6) 日本　(5) 韩国　(2) 法国　(1) 泰国　(4) 中国

句子

P20　2.① 国　② 是　③ 叫, 朋友　④ 呢　⑤ 房间　⑥ 名字　⑦ 也　⑧ 什么　⑨ 贵姓

情景

P22　一、你好！你是哪国人？你叫什么名字？

P23　二、① 中国朋友　② 王，王军　③ 5号楼　④ 他姓王

P24　三、① 欧文是美国人。
　　　　② 欧文住留学生楼。
　　　　③ 娜拉业主留学生楼。
　　　　④ 欧文住716。
　　　　⑤ 娜拉住328。

P25　叫，朋友，美国，留学生，留学生，328，716

语言练习

P28　四、① 你是哪国人？
　　　　② 你叫什么名字？
　　　　③ 欧文是你的朋友吗？
　　　　④ 你住哪个房间？

　　　　五、① 我叫欧文，你呢？
　　　　② 你住哪个房间？
　　　　③ 这是我的中国朋友。
　　　　④ 他是日本人。

第2课　明天星期几？

准备

P29　1. 3个 / 7个 / 10个

句子

P32 2. 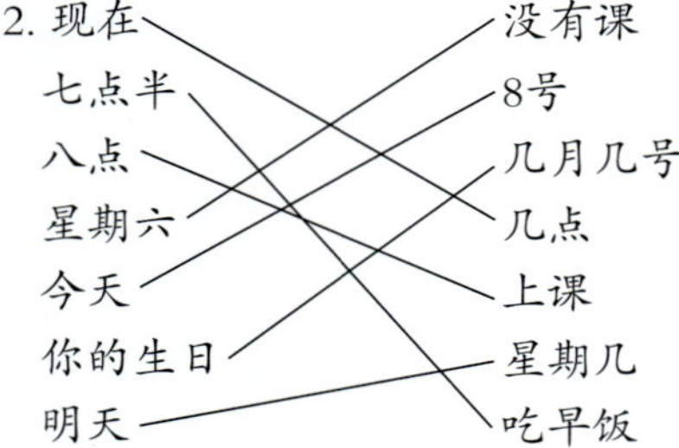

现在　　　　　　　　没有课
七点半　　　　　　　8号
八点　　　　　　　　几月几号
星期六　　　　　　　几点
今天　　　　　　　　上课
你的生日　　　　　　星期几
明天　　　　　　　　吃早饭

情景

P34 现在几点？ 八点。 你什么时候吃早饭？

P35 ① 没有课

② 星期六，星期五

③ 16

④ 有课，没有课

P36 三、① 9月18号。

② 娜拉的生日是9月18号。

③ 玛莎的生日是6月3号。

④ 欧文的生日是12月8号。

四、① F ② T ③ F ④ F

P37 ① 你晚上几点睡觉？　　　Ⓐ 不休息。

② 中午休息吗？　　　　　Ⓑ 星期二下午没有，星期三下午有。

③ 下午你有课吗？　　　　Ⓒ 十二点。

活动

P38 一、1. (1)起床 (2)吃早饭 (3)上课 (4)下课 (5)上网 (6)看电视 (7)洗澡 (8)睡觉

语音练习

P41 三、① 你什么时候睡觉？

② 他什么时候上课？

③ 她什么时候看电视？

P42 四、① 他明天有课吗？

② 10月12号是我的生日吗？

③ 娜拉中午休息/不休息吗？

④ 她下午上网吗？

五、① 他不是日本人。

② 星期二下午我没有课。

③ 今天不是星期五。

④ 中午我不睡觉。

第3课 我买这个

准备

P43 一、 1.(1) 608 (2) 326 (3) 716 (4) 915 (5) 430 (6) 1207

P44 二、 2.一元二角 / 二元五角 / 三元八角 / 十元四角 / 六元三角

句子

P46 ① 水 ② 别的 ③ 零钱 ④ 多少 ⑤ 贵 ⑥ 多少 ⑦ 面包 ⑧ 那个 ⑨ 什么 ⑩ 铅笔

情景

P47 一、 你要什么? 三块。

P48 二、 3.① F ② F ③ F ④ F
  4.我买一个面包。 还要别的吗? 一共多少钱?

P49 三、 1.① 铅笔
  ② 铅笔一块五一支。
  ③ 玛莎要两支铅笔。
  ④ 玛莎不买别的。
  ⑤ 一共三块钱。
  ⑥ 没有。
  3.① 有没有铅笔?
  ② 一共多少钱?
  ③ 有零钱吗?
  4.铅笔 / 多少钱一支 / 一支 / 两支 / 三块钱 / 零钱

  四、 1.(6) 香蕉呢?   (7) 两块五。
  (5) 我要两斤香蕉。   (1) 苹果多少钱一斤?
  (2) 三块五。   (4) 行,你要多少?
  (3) 太贵了,三块行吗? (9) 一共八块五。
  (10) 给你十块。   (11) 找你一块五。
  (8) 我要一斤香蕉。
  3.苹果多少钱一斤? 太贵了,三块行吗? 两块五。

语言练习

P55 二、 ① 我要一个汉堡包/一斤苹果/一斤香蕉/一瓶可口可乐/一瓶啤酒/一瓶水/一支铅笔。
  ② 那瓶/支多少钱?
  ③ 再买一个汉堡包。再买一斤苹果/香蕉。再买一瓶可口可乐/啤酒。在卖一支铅笔。
  ④ 有没有汉堡包/方便面/拼过/香蕉/可口可乐/啤酒/水?
  三、 两 (瓶) 水   一 (个) 面包   五 (个 / 斤) 苹果
  一 (斤) 葡萄   四 (个) 汉堡包   八 (支) 铅笔
  四、 1. 太贵了
  2.(1) 两块行吗?   (2) 一块五行吗?

五、① 有没有啤酒?
　　② 有没有咖啡?
　　③ 有没有苹果?

六、① 还要别的吗?
　　② 我买一个面包。
　　③ 找你五块钱。
　　④ 苹果三块五/五块三一斤。

第4课　我们点菜

词语

P59　2. 喝啤酒/茶　很好吃　这个菜打包

　　3. 三瓶啤酒　一个勺子　两张餐巾纸　两碗米饭　两碗面条儿
　　4. 一份主食　一个勺子　　请打包
　　　要一份主食　给我一个勺子　我要打包

句子

P60　2. ① 来　② 勺子　③ 喝　④ 点儿　⑤ 打包　⑥ 餐巾纸　⑦ 主食

情景

P61　一、3. 来一个红烧鱼。　还要什么?　两碗米饭。　还要别的吗?

P62　二、3. ① F　② F　③ F　④ T　⑤ F

P63　三、1. ① 服务员给了欧文一个勺子。
　　　　　② 欧文又要了一个酸梅汤。
　　　　　③ 春香的饭很好吃。
　　　　　④ 春香要一张餐巾纸。

　　　2. 一个勺子　酸梅汤　饭很好吃　很好吃

P64　四、1. (7) 这个菜请打包。　　(2) 多少钱?
　　　　(1) 服务员，结账。　　(8) 还有哪个?
　　　　(5) 有两块吗?　　　　(3) 一百四十二。
　　　　(9) 饺子也打包。　　　(4) 给你一百六。
　　　　(6) 我有。

P65　　3. ① 一共一百四十二。
　　　　② 王军给了服务员一百六。
　　　　③ 春香有零钱。
　　　　④ 菜和饺子打包了。

语音练习

P67　二、一个炒青菜　一个勺子　一瓶啤酒

　　　　　一个红烧鱼　两碗米饭　几张餐巾纸

P68　三、① 你们喝点儿什么？

　　　　　　你们买点儿什么？

　　　　② 喝什么酒？

　　　　　　买什么水果？

　　　　③ 请给他一个面包。

　　　　　　请给老师一瓶水。

　　　　　　请给欧文两张餐巾纸。

　　　　④ 来一个鸡蛋炒饭。

　　　　　　来一个炒青菜。

　　　　　　来一个酸辣汤。

　　　四、① A: 你要点儿什么？

　　　　② A: 你要点儿什么？／你吃点儿什么？

　　　　③ A: 你们喝点儿什么？

第5课　我家就在学校附近

词语

P71　1.

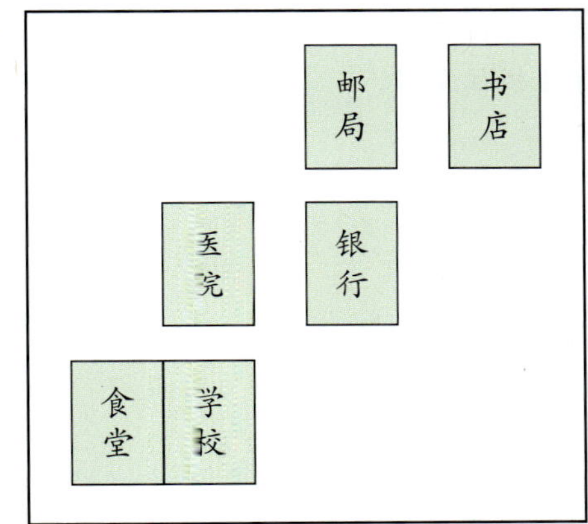

句子

P72　2.　① 一直　　　⑤ 还是

　　　　② 邮局　　　⑥ 拐

　　　　③ 从 到　　　⑦ 附近

　　　　④ 医院

情景

P72　一、1. ① F　② F　③ T　④ T

P73　　3. 请问，邮局在哪儿？　不远，就在食堂的旁边。　我带你去吧。

P74　二、3. ① 从这一直往前走。

　　　　　② 不远。银行的旁边就是。

　　　　　③ 医院在银行的右边。

　　三、1. ① F　② F　③ F　④ F　⑤ F

P75　　3. 书店　学校附近　怎么走　从学校一直往前走　再往左拐　不远

　　四、1. ① 王军家住在学校外面。

　　　　　② 不远。

　　　　　③ 十五分钟。

　　　　　④ 出学校大门往右拐，然后一直走。

　　　3. ① 王军，你家离学校远吗？　　　Ⓐ 对。

　　　　　② 怎么走？　　　　　　　　　　Ⓑ 学校大门往右拐。

　　　　　③ 一直走吗？　　　　　　　　　Ⓒ 不远，从我家到学校十五分钟。

语言练习

P80　二、① 请问，食堂在哪儿?

　　　　　请问，银行在哪儿?

　　　　　请问，书店在哪儿?

　　　　② 银行在医院的前边。

　　　　　学校在书店的左边。

　　　　　山本在欧文的右边。

　　　　③ 从银行到超市二十分钟。

　　　　　从邮局到书店半个小时。

　　　　　从食堂到医院二十五分钟。

　　三、① B: 就在前边。　　　　　　　③ B: 从邮局一直往前走。

　　　　② B: 从学校到超市十五分钟。　④ B: 出留学生楼往左拐。

第6课　我们在下站换车

词语

P82　2. 坐车/地铁　真/很方便　换车/几路

句子

P83　2.　① 换　　　　④ 饭店　　　⑦ 路

　　　　　② 图书馆　　⑤ 门口　　　⑧ 大使馆

　　　　　③ 坐　　　　⑥ 票

情景

P83　一、1. (5) 请您停在门口。　　　　(2) 我去中国饭店，远吗？

(6) 一共35块，给您票。　　　(3) 中国饭店到了吗?

(1) 您好，您去哪儿?　　　(4) 前边就是。

3. 我去中国饭店。　中国饭店远吗?　中国饭店到了吗?

P86　二、3. ① 坐113路和128路都行。

② 一块钱一张。

③ 128路。

④ 不用，因为他有公交卡。

P87　三、3. 图书馆　那路车到不到图书馆　两张　两张票

4. ① T　② T　③ F　④ F　⑤ F

四、1. ① 玛莎在公交车上。

② 玛莎要买一张票。

③ 玛莎要去地铁站。

④ 四站。

⑤ 可以，做6号线。

P88　3. ① 你去哪儿?　　　　　　　Ⓐ 四站。

② 还有几站?　　　　　　　Ⓑ 可以，坐6号线。

③ 地铁能到机场吗?　　　　Ⓒ 地铁站。

语言练习

P91　二、① 请您停在路边。

请您停在这里。

请您停在前边。

② 请问，这路车到北京饭店吗?

请问，这路车到地铁站吗?

请问，这路车到机场吗?

③ 换21路。

换115路。

换3路。

三、① 我能去你家吗?　　　　　③ 山本能看电视吗?

② 坐公共汽车能到机场吗?　　④ 他能休息吗?

四、① B: 得换车。

② B：我得七点吃早饭。

③ B: 不行，太远了，得坐公共汽车。

第7课　这里能换钱吗?

词语

P93　2. 寄钱　写名字/地址　护照号码

句子

P94 2. ① 寄 ② 先 ③ 存 ④ 帮 ⑤ 人民币 ⑥ 地址 ⑦ 次

情景

P95 一、3. ① 娜拉在邮局。
　　　　　② 娜拉要寄到泰国，寄给她姐姐。
　　　　　③ 娜拉要先填张单子。
　　　　　④ 单子上要写娜拉姐姐的名字和地址。
　　　　　⑤ 一共一百三十元。

　　二、1. ① F ② T ③ F ④ F

P96 3. 是第一次存吗？　存多少？　在这里写你的名字。

P97 三、3. 寄钱　上海　五千　填单子　帮他填　名字和地址

P98 四、3. 请问，这里能换钱吗？　您换什么钱？　一美元换多少人民币？　三百美元
　　　4. ① F ② T ③ F ④ F

语言练习

P101 二、① 您好，我换钱。
　　　　　您好，我买面包。
　　　　　您好，我存钱。
　　　　② 请问，这里能上网吗？
　　　　　请问，这里能喝咖啡吗？
　　　　　请问，这里能吃饭吗？
　　　　③ 一美元换多少日元？
　　　　　一人民币换多少韩元？
　　　　　一英镑换多少人民币？
　　　　④ 您寄多少？
　　　　　您买什么？
　　　　　您要什么？
　　　三、① 你是坐地铁去吗？
　　　　② 星期五是你妈妈的生日吗？
　　　　③ 她是第一次去美国吗？

第8课　我的MP4坏了

词语

P103 2. 带钥匙　门/电话/空调/电脑/灯坏了　一起去

句子

P104 2.　① 脏　　　　　⑤ 看看

　　　　② 电脑　　　　　⑥ 用
　　　　③ 坏　　　　　　⑦ 钥匙
　　　　④ 空调

3.　① 我忘了带钥匙，帮我开一下门，好吗？
　　② 我的床单脏了，能换一下吗？
　　③ 我的灯不亮了，你能帮我看看吗？

情景

P106　一、3.我忘了带钥匙，帮我开一下门，好吗？
　　　　　　我的床单脏了，能换一下吗？

　　　二、1.(2) 1.我房间的电话坏了。　　　(1) 4.请问有事吗？
　　　　　(5) 2.还有别的问题吗？　　　　(4) 5.我的空调也坏了。
　　　　　(3) 3.你住哪个房间？

P107　　　3.① F　② T　③ F　④ F

P108　三、3.① 王军晚上有时间。
　　　　　② 娜拉的mp4坏了。
　　　　　③ 王军知道。
　　　　　④ 娜拉的灯不亮了。王军晚上帮她看看。

　　　四、1.① F　② F　③ F　④ T　⑤ F
　　　　　3.日本朋友　电脑　上网　看看　一会儿

语言练习

P112　三、① 开一下门
　　　　　② 换一下
　　　　　③ 修一下
　　　　　④ 看一下

　　　四、① 我去超市买面包。
　　　　　② 请帮我修一下手机。
　　　　　③ 他去银行换钱。

第9课　你找哪位？

准备

P113　1.你叫什么名字？
　　　　你是哪国人？
　　　　你住哪儿？
　　　　他是谁？
　　　　你住哪个房间？

句子

P115　2. ① 错　② 哪位　③ 在　④ 找　⑤ 便宜　⑥ 告诉

情景

P117　一、3. 喂，你好，请问是留学生宿舍吗?
　　　　　你找哪位?
　　　　　你知道他的电话号码吗?

　　　二、1. ① T　② F　③ T　④ F

P118　　3. ① 我找山本，他在吗?　　　　　Ⓐ 可以。
　　　　　② 你找我有什么事?　　　　　Ⓑ 在。
　　　　　③ 晚饭以后可以吗?　　　　　Ⓒ 我想给你介绍几个朋友

P119　三、3. ① 欧文打电话找娜拉。
　　　　　② 娜拉去教室了。
　　　　　③ 娜拉可能得10点回来。
　　　　　④ 欧文明天再找她。

　　　四、1. ⑽ 晚上的票便宜，850元。　　(3) 广州。
　　　　　⑾ 那我要晚上的。　　　　　　(8) 1250元一张。
　　　　　(5) 12号的。　　　　　　　　(7) 下午的。
　　　　　(2) 您去哪儿?　　　　　　　(9) 还有更便宜的吗?
　　　　　(4) 您买哪天的?　　　　　　(6) 您要什么时间的?
　　　　　(1) 喂，您好! 我要买飞机票。

P121　　3. 飞机票　广州　12　下午　1250元　便宜　晚上的票便宜　晚上　850

　　　五、1. ① 张老师开会去了。
　　　　　② 山本的签证快到期了。
　　　　　③ 办好签证延期要两个星期。
　　　　　④ 山本明天上午去办公室。

P122　　3. ① 请问，张老师在吗?　　　　　Ⓐ 没问题，可以延长。
　　　　　② 您是李老师吧? 我是山本。　　Ⓑ 两个星期。
　　　　　③ 李老师，我的签证快到期了。　Ⓒ 山本，你好，有事吗?
　　　　　④ 多长时间能办好?　　　　　　Ⓓ 可以。
　　　　　⑤ 我明天上午去办公室行吗?　　Ⓔ 她不在，开会去了。

语言练习

P124　三、① B：这是娜拉的书。
　　　　　② B：他要12号的票。
　　　　　③ B：明天是山本的生日。
　　　　　④ B：那是王军的水。